ULRICH GOERKE

Ein langes, gutes
LEBEN?

Worauf es wirklich ankommt

Ulrich Goerke
Ein langes, gutes Leben?
Worauf es wirklich ankommt

Best.-Nr. 271 745
ISBN 978-3-86353-745-6
Christliche Verlagsgesellschaft Dillenburg

1. Auflage
© 2020 Christliche Verlagsgesellschaft Dillenburg
www.cv-dillenburg.de

Satz und Umschlaggestaltung:
Christliche Verlagsgesellschaft Dillenburg
Umschlagmotiv: © unsplash.com/Rob Mulally
Fotos im Innenteil: privat (vom Autor),
Kapitelanfänge: © freepik.com/kjpargeter,
Beten: © unsplash.com/Jacob Bentzinger

ARKA, Cieszyn
Printed in Poland

Inhalt

Vorwort

Der Gedanke eines langen Lebens auf Erden, wie es die Verheißung des vierten[1] Gebots im mosaischen Gesetz aufzeigt (vgl. 2. Mose 20,12), zieht sich durch das ganze Buch. Zugegeben, in jungen Jahren habe ich wenig Gedanken an mein Lebensende verschwendet. Das Leben lag ja noch vor mir, und ich war kerngesund. Und doch, immer wieder ereigneten sich tödliche Unfälle und Krankheiten, die mich aufhorchen ließen. Manch junger Mensch musste sein Leben lassen. Meine Motivation, Gedanken über Leben und Tod aufzuschreiben, war, dass viele Leser/innen durch dieses Buch eine Horizonterweiterung erfahren. Dabei schreibe ich weniger über das Sterben, überwiegend vom Leben, möglichst über ein langes Leben. Ich möchte mit meinen Ausführungen Ihre Gedankenwelt bereichern und Mut zum Nach- bzw. Neudenken machen.

Meine Hinwendung zu Gott in jungen Jahren hat positive Spuren hinterlassen. Er hatte einen Plan für mein Leben. Schritt für Schritt konnte ich diesen Plan erkennen. An der Entfaltung meines Glaubens lasse ich Sie hier in Form einer Kurzbiografie teilhaben.

Mein Buch will helfen und die Sensibilität schärfen, Gottvertrauen zu leben und auszuleben, egal, ob jung oder alt. Ich nehme Sie mit in meinen Alltag als selbstständiger Handwerksmeister und

---

1   nach katholischer und lutherischer Zählung

Kleinunternehmer, schreibe über meine Empfindungen, mein Denken, meine Skepsis und mein Zögern, aber auch über meinen Mut, mit Gott an der Seite meine Probleme zu meistern. Gottes Plan mit mir war, dass ich viel lernen musste – über ihn selbst und auch an Lebenserfahrung –, bis ich so weit war, nach und nach Aufträge von ihm zu bekommen. Dankbar habe ich sie angenommen, manchmal aber auch sehr zögerlich. Aber es waren Schlüsselerlebnisse, die mich entscheidend in meinem Glaubensleben weiter vorangebracht haben, denn ich durfte Gott dienen.

Insgesamt versuche ich damit eine Antwort auf die Frage zu geben, wie wir mit Gottes Hilfe zu einem langen Leben auf Erden beitragen können. Lassen Sie dieses Buch beim Lesen zu einer Oase in den Durststrecken Ihres Lebens werden, dann hätte es sein Ziel erreicht.

Ulrich Goerke
September 2020

Einleitung

Zu Hause angekommen öffne ich zuerst den Briefkasten und schaue nach der Post. Aus dem Zeitungsrohr nehme ich das wöchentlich erscheinende Anzeigenblatt, klemme es mir unter den Arm und betrete meine Wohnung. Gleich wird es gemütlich, nachdem ich meine Frau begrüßt habe und einige wichtige und unwichtige Dinge erledigt habe: Ich setze mich auf mein geliebtes Sofa in meine Lieblingsecke und rücke die Kissen zurecht, sodass ich schön bequem sitzen bzw. liegen kann. Die Schlagzeilen der Zeitung überfliege ich nur und lese erst einmal das, was ich wirklich interessant finde. Bei den Traueranzeigen verweile ich etwas länger. Wer ist wie alt geworden, und kenne ich jemanden? Wird derjenige beerdigt oder eingeäschert? Wie ist die Anzeige gestaltet? Kenne ich die Trauernden oder weitere Angehörige? Manchmal bin ich traurig, weil ich den einen oder anderen Verstorbenen tatsächlich gekannt habe. Unwillkürlich kommt mir der Gedanke an den eigenen Tod. Wie und wann wird das wohl sein?

Plötzlich bemerke ich ein Zwicken in der linken Brust. Oh, ist das etwas Ernstes oder vielleicht nur eine muskuläre Verspannung? Tausend Gedanken schießen durch meinen Kopf. Ich streiche mit der Hand über die Herzgegend und versuche, mich abzulenken. Tatsächlich gelingt es, und der Schmerz ist so schnell verschwunden, wie er gekommen ist. Trotzdem regt sich meine Fantasie. Was wäre, wenn mein

Ableben kurz bevorstünde? Wenn Gott mich jetzt zu sich riefe? Bin ich bereit, ihm entgegenzutreten? Ich denke, dass jeder solche Gedanken hin und wieder hat, auch wenn er eigentlich kerngesund ist.

Kann man den Zeitpunkt des Ablebens beeinflussen? Kürzlich las ich in einem bekannten deutschen Magazin einen Artikel, und die Überschrift ließ mich aufhorchen:

„Altern aufhalten: Code geknackt – warum wir bald alle 130 Jahre alt werden."

Darin stand zu lesen: *„Der Traum von der ewigen Jugend ist so alt wie die Menschheit. Jetzt kommt ihm die Realität schon recht nahe. In Europa und den USA arbeiten Wissenschaftler daran, das biologische Altern aufzuhalten oder die durchschnittliche Lebenszeit des Menschen weit über 100 Jahre auszudehnen. Viele Mediziner halten die Sache mit der ewigen Jugend für vergebens oder auch wenig wünschenswert. Sie wollen aber, dass Menschen ein hohes Alter erreichen, ohne jahrzehntelang von immer mehr Gebrechen gequält zu werden."*[2]

Wir wissen mittlerweile, dass die Entdeckung der Antibiotika vor etwa 100 Jahren dazu führte, dass unsere Lebenserwartung um zehn Jahre gestiegen ist. Ist also die Verheißung des vierten Gebotes überflüssig

---

2   Quelle: Petra Apfel, Focus-Online vom 16.06.2020

geworden, weil wir ja durch den medizinischen Fortschritt sowieso fast alle alt werden?

Ich denke an König Hiskia, dem Gott zunächst verkünden ließ, er werde bald sterben, ihm aber dann auf sein Flehen hin noch weitere fünfzehn Jahre dazu schenkte. Kann ich wissen, dass Gott mich noch eine Zeit lang leben lässt, weil er mit mir noch etwas vorhat?

Auf diese Fragen möchte ich in meinem Buch Antworten geben. In meinen 67 Lebensjahren habe ich viel mit Gott erlebt. Daran lasse ich Sie, lieber Leser / liebe Leserin, teilhaben. Von meiner Hinwendung zu Gott über mein Leben in mehreren christlichen Gemeinden, meinen persönlichen und beruflichen Höhen und Tiefen bis zu der Frage, ob ich bei der Beachtung des vierten Gebotes garantiert ein langes Leben auf Erden erreiche.

So viel schon vorweg: Gott handelt immer souverän. Seine Gedanken sind nicht immer unsere Gedanken. Aber er erhört Gebete. Auch Gebete um ein langes Leben auf Erden. Lassen Sie Gottes Reden und Handeln in Ihrem Leben zu. Es lohnt sich allemal.

Kapitel 1

Mein Verhältnis zu Gott

Im Kindergottesdienst habe ich eine Entscheidung für Jesus getroffen, ohne dass mir bewusst war, welche Tragweite das hatte. Das ist über 50 Jahre her, und doch weiß ich noch genau, was damals in mir vorging: „Ich muss Jesus in mein Leben aufnehmen." Mein kindlicher Glaube machte mir das klar, weil ich das oft gehört hatte. Und deshalb handelte ich dementsprechend. Nun war ich also ein Christ. Mit acht Jahren und null Erfahrung. So fing alles an.

Es war etwas entstanden, was sich immer wieder veränderte. So ist es auch jetzt. Mein Verhältnis zu Gott schwankt. Ich bin derjenige, der das in Bewegung setzt, obwohl ich das gar nicht will. *„Gott ist treu, auch wenn wir untreu sind. Ihm können wir vertrauen"* (2. Timotheus 2,13).

Kürzlich las ich in der Zeitung, dass die Beziehungen zwischen Russland und dem Westen in vielen Punkten sehr angespannt sind. Solange Massenvernichtungswaffen existierten, vor allem Atomwaffen, seien die derzeitigen Spannungen zwischen Russland und dem Westen „kolossal" gefährlich. Ein bisher funktionierendes Verhältnis zwischen Partnern steht nun auf der Kippe.

Mein Ja zu Gott und meine Freundschaft mit ihm in allen Angelegenheiten möchte ich nicht gefährden. Das Wissen, dass Gott mich liebt und mein Leben gestalten möchte, hat sich tief in mir eingeprägt. Er kennt mich durch und durch, weiß, wie ich „ticke" ,und gibt mir immer wieder Gelegenheiten, mich ihm zu nähern.

Natürlich weiß ich, dass ich immer zu ihm kommen kann, aber manchmal ist es so, als schöbe ich Gott zur Seite. Nach dem Motto: Ich will jetzt mal allein ... Das funktioniert auch eine Zeit lang. Irgendwann merke ich aber, dass sich Unzufriedenheit ausbreitet, und mein schlechtes Gewissen meldet: Alarm!

Dieses „Gott-beiseite-Schieben" hat dann eine gefährliche Dimension erreicht. Meist spricht Gott recht deutlich zu mir. Ich überdenke eine bestimmte Bibelstelle oder höre auf mein Gewissen. Oder was der Prediger am Sonntag auf der Kanzel verkündigte, war genau für mich in meiner Situation gesprochen. Geht es noch deutlicher?

Ich merke: Gott will mich wieder in seiner Nähe wissen. Es ist so, wie wenn ich einen guten Freund kontaktiere, den ich lange nicht mehr „auf dem Schirm hatte", weil er aus beruflichen Gründen in eine andere Stadt gezogen ist und wir uns deshalb aus den Augen verloren haben. Nach einem Anruf merken wir beide: Wir sollten wieder in Kontakt bleiben, so wie früher. Früher war es gut, früher war alles harmonisch, früher sind wir gemeinsam durch dick und dünn gegangen, und unsere Frauen haben sich auch gut verstanden. Nach einem Treffen bei uns beschließen wir, nicht wieder so eine lange Zeit verstreichen zu lassen, bis wir uns wiedersehen. Ob es uns gelingt? Oder bewahrheitet sich wieder das geflügelte Wort: „Aus den Augen, aus dem Sinn"?

Gott zieht mich wieder zu sich. Unverkennbar. Er arbeitet an mir und will mein Verhältnis zu ihm wieder geraderücken. Beschämt lasse ich das zu und gelobe Besserung. Und das meine ich durchaus ehrlich. Im Grunde habe ich mich ja nicht von ihm losgesagt. Ich wollte nur mal ein paar Schritte allein durch das Leben gehen. Diese Entscheidung fällt in der Regel ganz beiläufig, manchmal auch unbewusst. Der Teufel ist nicht dumm. Er versucht, uns zu verführen, am liebsten dazu, dass wir uns ganz von Gott lossagen. Aber das will ich auf gar keinen Fall. Gott weiß das auch und hält an mir fest.

David betet in Psalm 51,12: *„Erschaffe mir ein reines Herz, o Gott; erneuere mich und gib mir Beständigkeit!"* Dieses Gebet mache ich mir auch zu eigen. Meine Beziehung zu ihm muss wieder intakt werden. Diese Beständigkeit, die David von Gott erbittet, soll auch mich auszeichnen.

Solange mir Gott die Kraft dazu schenkt, möchte ich ihm dienen. Dieses Ziel möchte ich nicht aus den Augen verlieren und Gott nicht mehr beiseiteschieben. Ob es mir gelingt?

Manchmal überlege ich, wer ich eigentlich bin: einer unter vielen. Und doch weiß ich, dass Gott sich um mich Einzelnen kümmert. Weil wir eine enge Beziehung zueinander haben. Wir reden miteinander und hören uns zu. Obwohl unser Verhältnis als freundschaftlich gilt, gebühren ihm Ehrfurcht und Respekt von meiner Seite her. Er ist die Nummer eins in meinem Leben, nicht ich selbst.

Psalm 34,10: *„Begegnet dem Herrn mit Ehrfurcht, alle, die ihr zu ihm gehört. Denn wer ihn ernst nimmt, der muss keinen Mangel leiden."*

Es fällt eigentlich nicht schwer, Gott ernst zu nehmen. Er ist der Souveräne, der Schöpfer aller Kreaturen und des Alls. Allein diese Tatsache vor Augen lässt mich vor Ehrfurcht fast erstarren. Zu diesem Gott darf ich Vater sagen. Diesem Gott habe ich durch seinen Sohn Jesus Christus meine Schuld bekannt, die mir vergeben ist. Es gibt keine Trennung zwischen uns. Eine direkte Verbindung zwischen Himmel und Erde ist Wirklichkeit geworden. Allein dieses Bewusstsein, ein enges Verhältnis zu Gott zu haben, dem alle Macht im Himmel und auf Erden gebührt, der mich, einen Einzelnen unter vielen, sein Kind nennt, macht mich unendlich froh und dankbar. Seinen Segen schüttet er über mich aus. Ich habe daran keinen Mangel. So sieht es David in seinem 34. Psalm. Und: Gott liebt mich nicht mehr als dich!

Gerne stelle ich Gott mein Leben zur Verfügung. So war es am Anfang und so ist es jetzt. Ich lasse mich von ihm leiten und gebrauchen. In meinem Umfeld darf jeder wissen, dass ich ein gläubiger Christ bin. Meine bescheidenen Begabungen setze ich für ihn ein. Momentan in einer christlichen Gemeinde, durch Gottesdienstgestaltung und Predigten, und in der örtlichen evangelischen Allianz. Vielleicht auch durch das Schreiben dieses Buches.

In jungen Jahren hatte ich ein großes Problem, das sich nicht so schnell lösen ließ. Da habe ich mir einen bestimmten Platz, an dem ich mit dem Auto immer vorbeifuhr, eine kleine Ausbuchtung am Straßenrand, zum Innehalten und für das Gebet ausgesucht. Dort war ich allein und ungestört. Das habe ich bestimmt 25 bis 30 Mal so gemacht; diese Zeit habe ich mir genommen, es war sehr wichtig für mich. Immer wieder brachte ich mein Anliegen zu Gott. Er war dann gnädig mit mir, hat meine Hilflosigkeit gesehen und sich meiner erbarmt und die Gebete erhört.

Wir dürfen direkt zu ihm beten und die Dinge beim Namen nennen. Gott will aber, dass wir nicht um den „heißen Brei" herumreden. Jesus fragte einmal zwei blinde Bettler, nachzulesen in Matthäus 20: *„Was wollt ihr, was soll ich für euch tun?"* (V. 32). Es war offensichtlich, dass sie blind waren. Die Direktheit dieser Frage schreckte die Bettler aber aus ihrem Selbstmitleid auf, und sie antworteten ähnlich direkt: *„Herr, wir bitten dich, dass du unsere Augen auftust"* (V. 33).

Gott will unsere Nöte von uns selbst hören. Immer wieder wollte Jesus genau wissen, was die Kranken von ihm erwarten. Gott handelt nicht immer automatisch gut mit uns. Er möchte, dass wir ihn darum bitten. In meiner Hilflosigkeit damals, die ich erkannt und akzeptiert habe, habe ich mich völlig Gott hingegeben und Gott gebeten, das zu tun, was mir nicht möglich war. Dabei sind viele Tränen geflossen, aber das hat keiner gemerkt. Manchmal hatte ich das Gefühl, ich würde mich auf ein „Nichts" stützen, weil Gott mir nicht sofort antwortete. Oft meinte ich, am Abgrund zu stehen und gleich hinabzustürzen. Diese

Gefühle habe ich dann, so gut es ging, verdrängt und Gott an dieser Sache arbeiten lassen. Das hat mich ruhig werden lassen; es brauchte aber Zeit.

Später öffneten sich Türen, und ich sah, dass Gott seine Hand am Türgriff hatte. Im Rückblick ist mein Herz voller Dank. Auch dafür, dass ich die Kraft bekam, still zu warten, meine Hilflosigkeit zu ertragen, alles an Gott abzugeben und seinem Handeln gelassen entgegenzusehen. Das sind Grenzerfahrungen, die ich mit Gott im Verborgenen gemacht habe.

Catherine Marshall hat es in ihrem Buch „Bete und staune" einmal so ausgedrückt:

> *„Wirkliche Kraft fließt nur dann,*
> *wenn der Geist des Menschen im Gebet*
> *den Geist Gottes berührt."*

Später schildere ich noch einige Gebetserhörungen und schwierigste Situationen, in die ich hineingestolpert bin. Doch Gott hat mich, sein Kind, stets bewahrt und durchgetragen. Das habe ich nun aufgeschrieben, um deutlich zu machen, wie elementar wichtig eine gute Beziehung zu Gott ist, um göttliche Reaktionen im Leben zu erfahren. Dabei stehe ich selbst im Hintergrund und gebe Gott die Ehre, die ihm allein gebührt.

Soll ich dieses Verhältnis, diese enge Beziehung zu Gott durch eigene Wege, durch Abstand zu ihm aufs Spiel setzen? Mit dem Apostel Paulus antwort ich: „Das sei ferne!"

„Herr, meine Entscheidung, dir zu gehören,
habe ich nicht bereut. Danke, dass du dich
um mich kümmerst. Immer darf ich im Gebet
zu dir kommen. Du wirst es nicht leid.
Du bist wunderbar. Hilf mir, dass ich dich nicht
zur Seite schiebe, um eigene Wege zu gehen.
Sei du mir stets nah und leite mich auf deinen
Wegen, solange ich noch auf Erden leben darf.
Amen."

Kapitel 2

Mein persönliches Umfeld

Nachdem ich mein Verhältnis zu Gott beschrieben habe, will ich nun mein persönliches Umfeld näher beleuchten. Das sieht nun bei jedem anders aus. Wenn ich aus meinem Leben erzähle, bin ich jedoch überzeugt, dass meine Leser auch ein paar Parallelen zu ihrem Leben ziehen können.

Sehr dankbar bin ich, dass meine Eltern mich christlich erzogen haben. Mein ganzes Zuhause war geprägt von der Zugehörigkeit zur freikirchlichen Gemeinde. Ich habe bereits erwähnt, dass ich mit acht Jahren zum Glauben an Jesus Christus kam. Diesen Glauben habe ich gepflegt, so gut es ging. Zuerst im Kindergottesdienst, dann in der Jugendgruppe der Gemeinde wuchs dieser Glaube stetig. Leider bemerkte ich, dass einige andere es mit dem Glauben nicht so genau nahmen und sich immer mehr von der Gruppe und der Gemeinde entfernten. Was war zu tun? Durch meine Verantwortung, die ich mittlerweile in der Gruppe übernommen hatte, wuchs die Sorge, diese Personen, die immer dazugehört hatten, zu verlieren. „Vielleicht muss man sie einfach gehen lassen, sie werden schon wieder auf den richtigen Weg zurückfinden", so meine Überlegung. Das war ein Trugschluss. Die meisten von ihnen habe ich nicht wiedergesehen. Bleibt nur die Hoffnung, dass sie woanders Zugang zu einer christlichen Gruppe und dadurch wieder zu Gott gefunden haben.

Mit 19 Jahren wurde ich zum Wehrdienst einberufen. Kurz vorher hatte ich mich in der Gemeinde taufen lassen. Das war ein bewusster Schritt, um ganz zu Christus zu gehören, besonders in der Zeit als Soldat. Wollte ich doch dort meinen Glauben fröhlich bekennen. Das ging aber völlig daneben. Ziemlich feige durchlief ich diese für mich unangenehme Zeit, um ja den Kameraden zu gefallen. Nachher tat mir das sehr leid.

Diesen Lebensabschnitt hatte ich also durchgestanden. Nach 15 Monaten durfte ich wieder in meine Heimat zurück. Aber meine Angst davor, den christlichen Glauben zu bekennen, konnte ich nicht mehr rückgängig machen. Das war eben so, und damit musste ich allein fertigwerden. Nein, so allein dann doch wieder nicht. Gott hat mir vergeben, und ich durfte mit ihm neu durchstarten. Gott ist nicht nachtragend, und *„wenn wir unsere Sünden bekennen, ist er treu und gerecht, dass er uns vergibt und uns von allem Bösen reinigt"* (1. Johannes 1,9).

Im Beruf sind wir ebenso gefordert, unseren Glauben zu bekennen. Der eine handelt ganz vorbildlich und bekennt seinen Glauben fast jeden Tag. In der Mittagspause wird die Bibel aufgeschlagen und gelesen. Jeder sieht das und soll es auch sehen. Kaum kommt ein Gespräch über die Dinge des Alltags zustande, ist man bald beim Thema. Gott will ja, dass alle Menschen errettet werden, auch mein Gegenüber.

Der andere ist da zurückhaltender. Er wartet, bis sich Gelegenheiten zum Reden ergeben, und ist dann eventuell bereit, seinen Glauben zu bezeugen. Oft habe ich mich dabei ertappt, gute Gelegenheiten verstreichen zu lassen: „Jetzt ist das nicht günstig, es sind noch andere dabei, außerdem ist es zu laut um mich herum usw." Es gibt immer Ausreden. Nachher kommt das schlechte Gewissen: Muss ich deshalb verzweifeln? Bestraft Gott mich dafür?

Bitten wir Gott um eine neue Chance und versuchen wir beim nächsten Mal einen neuen Anlauf. Nicht jeder kann mit Paulus ausrufen: *„Ich schäme mich nicht, diese Heilsbotschaft von Christus überall weiterzusagen. Denn diese Botschaft ist eine gewaltige Kraft Gottes"* (Römer 1,16).

Ich gehöre eher zur zweiten Kategorie der Menschen, die darauf warten, bis Gott ihnen deutlich zeigt, wann die Zeit gekommen ist, etwas über den Glauben zu sagen. Da alle Menschen in ihren Anlagen verschieden sind und jeder einen anderen Charakter hat, gibt es keine allgemeingültige Regel. Gott handelt mit jedem anders und individuell.

Wenn wir mit Gott leben, dann merken es die Menschen sowieso, mit denen wir in Berührung kommen. Mit manchen kommt gar kein Gespräch zustande, sie wimmeln sofort ab. Auch in meiner Verwandtschaft kenne ich solche Menschen. Aber die wissen genau über mich Bescheid. Damit der Frieden gewahrt bleibt, schweige ich oft, da es sonst heftige Streitgespräche gibt, die ich vermeiden möchte. Ich bete darum, dass Gott ein Wunder geschehen lässt, sonst ist bei diesen Menschen Hopfen und Malz verloren.

In meiner christlichen Gemeinde bin ich gut eingebunden. In zwei verschiedenen Gemeinden war ich längere Zeit in der Leitung aktiv. Das war eine schöne

Zeit, da ich die Gemeindeglieder von Herzen liebte und ihnen gern diente (das ist heute auch noch der Fall). Allerdings war es auch anstrengend und sehr zeitaufwändig. Trotzdem hatte ich eine innerliche Freude und fühlte mich am richtigen Platz, bis ich merkte, dass nun andere, jüngere dieses Amt übernehmen sollten. Über die vielen Jahre hat sich mein persönliches Umfeld stark verändert, da ich auch einige Male umgezogen bin. Immer wieder habe ich Gott nach meinen Wegen gefragt und auf Psalm 37,5 gebaut: *„Befiehl dem Herrn deine Wege und sorge dich nicht um deine Zukunft. Überlass sie Gott, er wird es richtig machen.“*

Im Nachhinein kann ich es nur bestätigen. Er hat es wunderbar richtig gemacht. So vertraue ich mich weiter ihm an. Eine bessere Wahl gibt es nicht. Bei all dem, was ich bisher erlebt habe und von dem ich in den weiteren Kapiteln noch einiges berichten werde, frage ich mich: Wie geht es weiter? Hat Gott noch etwas mit mir vor?

Mein berufliches Leben verlief recht abwechslungsreich. Bücher waren mein Leben. Alte Bücher, neue Bücher, bibliophile Kostbarkeiten, Broschüren, Zeitschriften und Diplom- bzw. Dissertationsarbeiten. Nach Gutenbergs Erfindung des Buchdrucks mit beweglichen Lettern um 1450 begann auch der rasante Fortschritt des Buches. Im Altertum wurde mit einem Schreibgriffel die Keilschrift in weiche Tontafeln geritzt und gebrannt. Die Ägypter stellten aus der Papyrusstaude einen Schreibgrund her und rollten diesen auf beiden Seiten auf, die sogenannte Papyrusrolle. Von Papyrus stammt auch unser Wort Papier. Später schrieb man auf Pergament, also auf einer gegerbten Tierhaut. Dieses stabilere Schreibmaterial verdankt seinen Namen der Stadt Pergamon. Besonders durch die ersten Christen kam die Form des „Codex" in Gebrauch, eine Buchform, die die Schriftrolle ablöste. Die Christen damals zählten nicht zu den Begüterten und Vornehmen, die sich den Luxus einer Pergamentrolle leisten konnten. Sie griffen zu kleinen Pergamentstücken, um darauf die gute Botschaft von Jesus Christus niederzuschreiben. Paulus erinnert Timotheus, bei dessen nächstem Besuch den Mantel, den er in Troas vergessen hatte, mitzubringen und die Bücher, besonders die Pergamente. Sie hatten einen hohen Stellenwert und waren ihm wichtig.

Martin Luther bezeichnete die Erfindung des Buchdrucks als „höchste und letzte Wohltat Gottes, durch welche er die Sache des Evangeliums forttreibet. Es ist die letzte Flamme von dem Auslöschen der Welt."[3] Jetzt wollten sich viele, die lesen und schreiben konnten, Bücher leisten. Die erste Bibel in deutscher Sprache erschien bereits 1466, Luthers Übersetzung des Neuen Testamentes 1522 „zur Erbauung der Ungebildeten", mit Holzschnitten von Lucas Cranach anschaulich geschmückt. Heute werden Bücher zu Tausenden an einem Tag gedruckt, in einer einzelnen

---

3 Quelle: Rudolf Büchner, Bücher und Menschen, Mohndruck, 1976, S. 52

Druckerei, industriell gebunden und an die Verlage ausgeliefert, die wiederum die Buchhandlungen bestücken. Ich habe das Binden, Restaurieren und Gestalten von Büchern speziell in der Einzelfertigung gelernt. In meiner langjährigen Berufspraxis habe ich stets mit Büchern zu tun gehabt, und bei so manchem Arbeitsgang sind mir interessante Gedanken gekommen, die mir als Christ von Bedeutung waren:

Eines Tages kam ein Kunde in meine Werkstatt und hatte einen 200 Jahre alten Folianten in der Hand. Ziemlich zerfleddert, der Buchrücken fehlte, er hatte keinen Rückhalt mehr. „Dieses Buch ist mir lieb und teuer, das soll wieder restauriert werden. Der Preis ist nicht so entscheidend." Solche Kunden, die nicht auf den Preis schauten, hatte ich am liebsten. Aber jetzt wartete eine Menge Arbeit auf mich und meine Mitarbeiter. So ein Buch muss ganz auseinandergenommen werden, Bogen für Bogen. Alte, verkrustete Leimreste und rostige Drahtklammern wurden säuberlich entfernt, da sonst keine neue Bindung möglich war. Der alte Klebstoff wird mit der Zeit hart und spröde, greift das Papier an und muss abgekratzt werden, sonst ist die Arbeit Pfusch.

Verhält es sich nicht ähnlich mit unserem Leben? Ein neues Leben mit Jesus ist nur möglich, wenn das Alte, die Sünde, die uns von Gott trennt, entfernt (= vergeben) wird. Auch die verkrusteten, schlechten Angewohnheiten müssen weg wie bei dem alten Buch, das einen neuen Einband bekommen soll.

Wichtig für ein Buch ist natürlich der Zusammenhalt der Blätter. Sonst gibt es die „große Flatter". Bogen für Bogen wird ineinandergesteckt, geheftet, beleimt und mit Bandgaze verstärkt. Wird ein Blatt irgendwo herausgerissen, löst sich das Gegenblatt des Bogens, verknickt und kann herausfallen. Der Einband leidet und verliert seinen Halt.

Oft hatte ich diese Übertragung in meinen Gedanken: Wenn der Gemeinde Geschwister fernbleiben, ausscheren, sich unnatürlich abgrenzen, so tut das weh, und bestimmte Gemeindeglieder leiden darunter besonders. Lasst uns auf den inneren Zusammenhalt achthaben, wir brauchen uns gegenseitig. Jeder ist wichtig! Wichtig wie jedes Blatt eines Buches für eine feste Bindung.

*„Herr, mein fester Entschluss ist, dass ich mit
dir in fester Verbindung bleibe und dass diese
Abhängigkeit mich jeden Tag neu trägt.
Bitte schenke mir deine Voraussetzungen
auf ein langes Leben auf Erden.
Dein Wille geschehe. Amen."*

Kapitel 3

Gottes Reden
wahrnehmen

In den vorigen Kapiteln habe ich schon angedeutet, dass Gott zu mir gesprochen hat. Zumindest hatte ich das angenommen, dass hier und da Gottes Reden zu mir spürbar war. Manchmal kommen allerdings auch Zweifel. Hat er wirklich zu mir gesprochen oder bilde ich mir das nur ein? Kann ich mir ein objektives Urteil bilden?

Oft frage ich mich: Wer bin ich eigentlich, in Anspruch nehmen zu dürfen, dass der große Gott, der Schöpfer des Himmels und der Erde, seine Stimme zu mir erhebt und mich anspricht?

Wenn wir davon ausgehen, dass allein in Deutschland mittlerweile 83 Millionen Menschen leben und ich einer davon bin, dann kommt ganz schnell ein Gefühl der Minderwertigkeit auf. Weshalb sollte Gott gerade zu mir sprechen? Wer bin ich denn schon? Als Gott Jeremia in seinen Dienst berief, kamen ihm auch diese Zweifel: „Ich, ausgerechnet ich? Ich bin doch viel zu jung!"

Die Bibel berichtet an vielen Stellen, dass Gott redet und viele Menschen seine Stimme gehört haben. Sie waren sich da ganz sicher, dass es Gott ist, der sie ansprach. Die meisten von ihnen hörten Gott gut und deutlich sprechen:

Abraham, Mose, Josua, Samuel, Hiob, Jesaja, Jeremia und im Neuen Testament Saulus von Tarsus, um nur einige zu nennen. Andere sahen einen Engel des Herrn, der zu ihnen sprach. Wieder andere erlebten im Traum Gottes Reden. Jesus, der Sohn Gottes, der auf diese Erde kam, sprach sehr persönlich zu vielen

Menschen seiner Zeit: *„Immer wieder hat Gott schon vor unserer Zeit auf unterschiedliche Art und Weise durch die Propheten zu unseren Vätern gesprochen. Doch jetzt, in diesen letzten Tagen, sprach Gott durch seinen Sohn Jesus Christus zu uns"* (Hebräer 1,1-2).

Jesus Christus persönlich ist das Reden Gottes. Als Jesus seine Jünger Petrus, Jakobus und Johannes auf einen hohen Berg führte, erlebten diese drei die Verklärung Jesu, und eine Stimme kam aus einer Wolke und sprach: *„Dieser ist mein geliebter Sohn, an dem ich Wohlgefallen gefunden habe. Ihn hört!"* (Matthäus 17,5).

Das nehme ich mir auch immer wieder vor, auf Jesus zu hören, auf seine Stimme, die ich recht unterschiedlich erfahren darf.

Wie erlebe ich es nun? Darüber haben mehrere Autoren schon eine ganze Menge gute und sehr lesenswerte Bücher geschrieben. Deshalb möchte ich mich auf wenige Aussagen zu diesem Thema beschränken. Dennoch bin ich überzeugt, dass diese Gedanken auch an diesen Platz gehören, damit wir ein Gesamtbild davon erhalten, was Gott mit unserem Leben alles bewirken will.

Ich bin sicher, Gott redet zu uns heute in erster Linie durch sein Wort, die Bibel. Wenn wir sie lesen und darüber nachdenken, spüren wir sehr oft, trotz vieler Zusammenhänge, die damals in der Geschichte von Bedeutung waren, dass Gott trotzdem auch zu uns spricht, zu uns persönlich, in heutiger Zeit.

Als ich mit meiner Familie vor einer schwierigen Situation stand und wir einen beruflichen Wechsel in Erwägung zogen, der auch einen Umzug erforderlich machen würde, fragte ich Gott ganz gezielt nach der richtigen Entscheidung. Sollten wir das Angebot annehmen oder nicht? Es klang gut und war verlockend. Wir beteten oft, Gott möge uns den richtigen Weg zeigen. Gerade der Umzug in eine fremde Stadt und das Umschulen unserer Tochter bereiteten uns doch große Sorgen. Allein das Angebot eines neuen Jobs war noch nicht befriedigend. Weiß ich denn, ob das funktioniert und wir uns in der neuen Umgebung wohl- und sicher fühlen werden? Die Vorstellung, das Alte und Gewohnte, das Liebgewordene und Vertraute zu verlassen, bereitete doch einige Kopfschmerzen. Immerhin lebte ich schon 45 Jahre an diesem Ort, und einen „alten Baum" zu verpflanzen, sollte man sich gut überlegen.

Die Entscheidung rückte näher, wir mussten jetzt Farbe bekennen, annehmen oder absagen. Eine klare Antwort von Gott blieb aus. Einfach so handeln, weil die Umstände es doch zeigten, die neue Situation annehmen, weil sie sich uns bot, war mir zu wenig.

Am Abend vor dem Zubettgehen wollte ich durch das Lesen in der Bibel von Gott eine Antwort bekommen und bat ganz eindringlich darum: „Herr, zeige mir jetzt durch dein Wort, welchen Weg wir einschlagen sollen. Amen."

Welchen Text des Wortes Gottes sollte ich lesen? Sollte ich dort weiterlesen, wo ich zuletzt aufgehört hatte? Obwohl mir die folgende Methode, Antwort auf meine Fragen zu bekommen, nicht ganz geheuer war, habe ich mich doch in dieser Situation dafür entschieden, und Gott hat das bestätigt.

Ich hielt die Bibel in der Hand und schlug sie einfach auf. Irgendwo zwischen dem ersten Drittel und dem letzten Drittel. Oben links wollte ich einige Verse lesen.

Es war dann Jeremia 31,22 (nach der Elberfelder Übersetzung): *„Denn der Herr hat ein Neues geschaffen auf der Erde …“*

Das saß! Jetzt war ich sicher, dass Gott sich für uns etwas Neues ausgedacht hatte. Er hatte die neue Situation für uns geschaffen. Auch wenn dieser Text im Zusammenhang etwas anderes bedeutete, Gott hat diese Worte, diese paar Buchstaben, benutzt, um uns klarzumachen: „Geht, bereitet euch auf etwas Neues vor. Ich habe das vorbereitet und seid getrost, ich bin bei euch.“

Das ist nun schon 20 Jahre her. Manchmal kamen trotz dieses klaren Zuspruchs Zweifel, weil wir uns vieles anders vorgestellt hatten. Aber Gottes Wege sind immer gut. Gott plant langfristig. Das mussten auch wir erst erkennen.

Nicht immer geschieht das Wort des Herrn so spektakulär, aber oft habe ich durch Predigten Gottes Reden zu mir vernommen und ihm dafür gedankt. Oft habe ich dem Prediger das auch gesagt. Der hat sich sehr gefreut und sich in seinem Dienst bestätigt gesehen. Das ist nicht unwichtig. Verkündiger des

Wortes Gottes brauchen diese Bestätigungen. Wenn sie ausbleiben, werden sie oft mutlos, und manche verzweifeln. Ich weiß, wovon ich rede (bzw. schreibe). Obwohl mir bewusst ist, dass das Gesagte einer Predigt nicht leer zurückkommt (Jesaja 55,11), möchte ein Prediger das auch gerne mal wissen und erfahren.

Ich bekam eines Tages die Anfrage, ob ich nicht in einem bestimmten Missionswerk ehrenamtlich mitarbeiten wolle. Da ich nicht lange überlegen brauchte und mir die Mitarbeit gut vorstellen konnte, habe ich zugesagt. Das bedeutete, viermal im Jahr bundesweit zu reisen und oft in endlosen Sitzungen mit anderen Christen zu beraten. Dazu kamen die Jahreshauptversammlung, einige Besuche auf den Missionsstationen und Predigten in manchen Gemeinden. Weitere Aktivitäten erledigte ich per E-Mail und in Telefonaten. So war ich ganz oft mit meinen Gedanken bei dieser Sache. Manchmal habe ich mich dann gefragt: Warum machst du das eigentlich? Du investierst so viel Zeit, und die Familie kommt zu kurz. Trotzdem war mir diese Beiratstätigkeit wichtig, und ich fühlte mich am richtigen Platz, weil ich mich von Gott gerufen wusste und weil ich Freude an dieser Arbeit hatte. Ganz wichtig für mich war, dass meine Frau dahinterstand und mich immer ohne Groll gehen ließ, sonst wäre das nicht möglich gewesen. Wenn Gott zu bestimmten Diensten ruft, macht er es uns ziemlich klar. So klar, dass auch der Ehepartner sein Ja dazu sagt. Als Belohnung durfte ich die freundschaftliche Gemeinschaft zu allen anderen, besonders zu den Missionaren, genießen, von denen ich eine Menge gelernt habe. Am schönsten war, wenn erzählt wurde, dass Menschen eine Hinwendung zu Gott erlebt haben. Zwölf Jahre war ich in diesem Dienst, dann hatte Gott etwas anders mit mir vor. Aber die Kontakte blieben, wenn auch nicht mehr so intensiv. Intensiv allerdings in meinen Gebeten. Viele christliche Werke brauchen dringend ehrenamtliche Mitarbeiter. Prüfen Sie doch sehr gründlich, ob Gott nicht auch schon zu Ihnen diesbezüglich geredet hat!

In meiner Stillen Zeit, dem regelmäßigen Lesen der Bibel, merke ich sehr oft: Jetzt höre ich wieder Gottes Stimme. „Herr, lass das, was ich gerade gelesen habe, in meinem Leben große Bedeutung gewinnen, damit ich deinen Willen erkenne", bete ich dann zu Gott, zu dem ich Vater sagen darf, weil ich sein Kind bin.

Auch durch alltägliche Dinge merke ich manchmal, dass Gott mir etwas klarmachen möchte. Meine Frau hat ein Händchen für Dekorationen und Handarbeit. Ein großes selbstgebasteltes Herz hängt im Küchenfenster. Ehrlich gesagt hatte ich das erstmal gar nicht wahrgenommen. So manch eine kleine Veränderung in der Wohnung nehme ich nicht wahr, weil ich einfach nicht den Blick dafür habe. Das mag eine Schwäche von mir sein, ich kann es aber wahrscheinlich nicht mehr ändern.

Ich war ganz schlecht gelaunt und ziemlich grantig. Ich ging in die Küche und sah auf einmal dieses Herz im Fenster. Eigentlich sah das ja ganz nett aus.

Was bedeutet ein Herz? Ist es nicht ein Zeichen der
Liebe? Es überkam mich, und ich hatte plötzlich Tränen in den Augen, lief ins Wohnzimmer, wo meine Frau gerade den Tisch deckte, und umarmte sie
herzlich. „Nur so", sagte ich, ging wieder in die Küche zurück und trocknete meine Augen. Das Herz
hängt immer noch dort. Soll es auch. Von mir aus

für immer. Doch ich weiß, bald wird wieder gebastelt und ein neues Deko-Teil ziert dann die Küche.

Gott redet auf vielerlei Weise. Wir müssen natürlich auch hören (sehen) wollen und unsere Gefühle einfach mal freien Lauf lassen.

Mein Wunsch ist es, sensibel zu sein und ganz oft Gott zu mir reden zu lassen, damit ich erkenne, was er mir zu sagen hat und noch alles mit mir vorhat. Ich bin dazu bereit. Sind Sie das auch?

*„Herr, durch unsere intensive Beziehung
kommunizieren wir täglich mehrmals.
Lass mich immer wieder deine Stimme hören.
Wenn du mich rufst, möchte ich gut zuhören
und nach deinem Willen fragen und danach
handeln. Lehre mich, alle deine Worte in
meinem Herzen zu bewahren, so lange ich lebe.
Ich bitte dich um ein langes Leben auf Erden.
Dein Wille geschehe. Amen."*

Kapitel 4

Gefangen in meinen Problemen

In der Apostelgeschichte, Kapitel 9, wird uns berichtet, wie Saulus kurz vor Damaskus eine Begegnung mit Jesus hatte. Gott hatte seinen Jünger Ananias vorbereitet, diesem Saulus entgegenzutreten und ihn im Glauben weiter zu fördern. Dann sagt Gott dem Ananias in Vers 16: *„Er wird erfahren, wie viel er um meines Namens willen leiden muss."*

Später lesen wir in den Paulusbriefen ganz oft, wie sich dieses Leiden bei ihm auswirkte und bewahrheitete (1. Korinther 4,9-13; 2. Korinther 4,7-11; 11,23-30; Philipper 3,10.)

Leiden gehört zum Christsein dazu. Deshalb wird in der Bibel auch an ganz vielen Stellen immer wieder betont, dass wir mit unseren Leiden und Schmerzen zu Jesus kommen können, weil er es am eigenen Leib selbst erfahren hat. Und er hat sogar den Tod besiegt. Jesus ist bereit, uns in unseren Bedrängnissen, wie auch immer sie geartet sind, zu helfen.

Wir brauchen als Christen nur unseren Mund aufmachen und anderen Menschen, die nicht an Gott glauben, zu erzählen, was uns Jesus bedeutet. Sehr oft ernten wir dann Spott und werden verhöhnt. Ist das nicht auch ein Leiden um Christi willen? Deshalb schweigen so viele, weil sie sich das nicht antun wollen.

Jesus sagt seinen Jüngern in Matthäus 10,22: *„Alle Welt wird euch hassen, weil ihr euch zu mir bekennt. Aber wer bis zuletzt durchhält, der wird gerettet."*

Wie oft bangen wir um unseren guten Ruf in der Nachbarschaft oder am Arbeitsplatz? Paulus wusste ein Lied davon zu singen. 1. Korinther 4,10: *„Uns hält man um Christi willen für Narren …, wir aber werden ausgelacht."*

Jesus macht uns als seinen Nachfolgern Mut, sollte es uns so ergehen. In Lukas 6,20 steht Jesus seinen Jüngern gegenüber und sieht sie an. Ja, er schaut ihnen in die Augen und redet mit ihnen. Dann sagt er in Vers 22: *„Glücklich seid ihr, wenn euch die Menschen hassen; wenn sie von euch nichts wissen wollen und euch verachten; wenn sie euch beschimpfen und Schlechtes über euch erzählen, nur weil ihr zu mir gehört. Dann freut euch! Ja, ihr könnt jubeln, denn im Himmel werdet ihr dafür belohnt werden. So wie es euch ergeht, ist es auch schon den Propheten ergangen."*

Ich erinnere mich noch genau, als ich für einen Tee-Bus in der Fußgängerzone eingeladen hatte. Dort sollten Gespräche über den Glauben bei einer Tasse Tee oder Kaffee stattfinden. Wie oft erntete ich nur ein müdes Lächeln und wurde abgewiesen.

Als ein bekannter Evangelist in unsere Stadt kam, dachte ich: Den kennen ja viele; da werden sicher eine ganze Menge fremder Menschen kommen. Dann habe ich Bekannte eingeladen. Einige waren sehr freundlich und versprachen, es sich zu überlegen.

Ich habe jeden Tag auf sie gewartet, aber sie kamen nicht. Das macht traurig. Lohnt sich der ganze Aufwand überhaupt?, war mein Gedanke. Machst du dich nicht „zum Affen"? Vielleicht kann man über die Art der Veranstaltungen diskutieren, da sind sicher Verbesserungen möglich. – Dann aber wieder alle

Verantwortlichen unter einen Hut zu bringen, das schien unmöglich.

Das alles sind Probleme, die mich damals, aber auch heute – in anderer Weise – bei der Gemeindearbeit gefangen nehmen.

Aber was ist das gegen eine schwere Krankheit? Ich kenne Familien, die haben die Krankheit „gepachtet". Ständig ist einer schwach und krank. Diese Menschen werden in den Gebeten immer wieder bedacht und verschwinden einfach nicht von der Gebetsliste. Wenn ich gesund bin und Kraft habe, werde ich die Dienste in der Gemeinde oder Kirche tun, die diese Kranken z. Zt. nicht vollbringen können. Das ist eine Selbstverständlichkeit. Ebenso selbstverständlich ist, dass ich diese Kranken in meine Gebete einschließe und sie gegebenenfalls besuche und ihnen Mut zuspreche. Vielleicht u. a. mit folgenden Bibelversen:

Psalm 23:
„Der Herr ist mein Hirte …"

Römer 8,18:
„Ich bin ganz sicher, dass alles,
was wir jetzt erleiden, nichts ist,
verglichen mit der Herrlichkeit,
die wir einmal erfahren werden."

Römer 8,38:
„… nichts kann uns scheiden von der
Liebe Gottes, die er uns in Jesus Christus,
unserem Herrn, erwiesen hat.“

1. Petrus 5,7:
„Überlasst alle eure Sorgen Gott,
denn er sorgt für euch.“

Noch viele andere Worte der Bibel geben uns Mut und Kraft, besonders, wenn wir krank, alt und schwach sind. Das habe ich auch erfahren und vor allem in Verbindung mit dem Gebet – auch dem Ältestengebet, welches eine besondere Verheißung hat (Jakobus 5,13-18). Wie sehr leiden chronisch kranke Menschen jeden Tag. Kennen wir sie? Wie viel Leid erfahren sie, wenn die Ärzte nicht wirklich weiterhelfen können?

Jeder chronisch Kranke sollte eine Handvoll echte Freunde haben, die ihm zur Seite stehen und regelmäßig für ihn beten. Wer ist es, der auf mich wartet?

Überaus problematisch wird es, wenn ein naher Verwandter oder sogar der Ehepartner stirbt.

Dieses Leiden wird eine Person längere Zeit gefangen nehmen. Hier ist es besonders wichtig, als Gemeinde Anteil zu nehmen. Wenn ein Glied leidet, leiden alle anderen mit. Trost spenden und Hilfe anbieten sind angezeigt. Im 2. Korintherbrief (1,3) sagt Paulus: *„Gepriesen sei Gott, der Vater unseres Herrn*

Jesus Christus, der Vater voller Barmherzigkeit, der Gott, der uns in jeder Not tröstet. In allen Schwierigkeiten ermutigt er uns und steht uns bei."

Solche Worte spenden Trost. Gottes Wort hat Kraft, auch oder gerade in Zeiten der Trauer.

Ein trauernder Mensch braucht Anteilnahme und Hilfe. Hier stehen besonders Christen eng beieinander, und das tut gut. Vielleicht ist es möglich, den Trauernden nach einer gewissen Zeit aus seiner Gefangenschaft der Trauer zu lösen und ihn in Aufgaben einzubinden.

Eine andere Schwierigkeit, die mich persönlich eine Zeit lang sehr gefangen genommen hat und aus der ich mich nur sehr schwer lösen konnte, war die der finanziellen Not.

In den 1980er-Jahren übernahm ich den väterlichen Handwerksbetrieb, der damals schon 30 Jahre existierte. Nach meiner Meisterprüfung war der Zeitpunkt gekommen, an dem sich mein Vater allmählich aus der Firma zurückziehen wollte. Ein halbes Jahr später starb er plötzlich, und ich stand allein in der Verantwortung. Das war eine schwere Zeit, hatte ich doch von seiner Erfahrung noch viel profitieren wollen.

In der ersten Zeit lief das Geschäft noch ganz passabel. Wir bekamen Aufträge und machten den nötigen Gewinn, von dem eine Firma nun mal lebt. Nach einigen Jahren merkte ich jedoch, dass ich mit meiner Ausbildung „aufs falsche Pferd" gesetzt hatte.

Immer mehr geriet mein Gewerbe zu einem aussterbenden Beruf. Im Buchbinderhandwerk wurde es immer schwieriger. Obwohl es mir viel Spaß gemacht hat, alte Bücher wieder zu Kostbarkeiten zu gestalten, Buchrestaurierungen vorzunehmen und Zeitschriften einzubinden, wurde die geschäftliche Existenz durch das niedrige Preisniveau bedroht. Viele Aufträge erhielt ich von Universitätsbibliotheken, die zwar regelmäßig Bücher binden ließen, aber leider den Preis diktierten. Das war schließlich so uninteressant geworden, dass ich diese Kunden aufgab und nur noch für Privatkunden und für ein paar wenige Institutionen arbeitete. Damit verbunden war natürlich ein beträchtlicher Umsatzrückgang. Im Laufe der Jahre brach hier und da der eine oder andere Kunde weg, und ich stellte schließlich die Sinnfrage.

Aber was war jetzt zu tun? Ich war mittlerweile tief in den roten Zahlen. Alle Anstrengungen, neue Ideen oder neue Produkte zu entwickeln, liefen ins Leere. Viele Gebete stiegen zu meinem Gott in den Himmel. Würde er mir helfen? Konnte ich mit seiner Hilfe die Firma retten? Lange Zeit blieb die Antwort aus. Meine Bank hatte immer noch Hoffnung und griff mir kräftig unter die Arme. Ich selbst hatte allerdings die Hoffnung auf eine positive Wende fast schon verloren, der Bank aber habe ich immer einen anderen Eindruck vermittelt. Es ging auf und wieder ab.

Meine Frage war nicht, ob mir Gott helfen würde, sondern wann und wie. Ich war sein Kind, und er würde mich nicht hängen lassen. Diese Gewissheit prägte sich tief in mir ein. Apropos prägen: Das Prägen bzw. Einprägen ist ja ein Begriff aus der Technik. Auch in einer Buchbinderei ist das ein bekannter Arbeitsgang, nämlich wenn es um das Prägen von Buchtiteln auf dem Einband geht. Prägen bedeutet vertiefen. Wir kennen das auch aus der Münzprägung. Anders als beim Druck wird der Buchstabe in das Material hinein unter Hitze vertieft, eingeprägt, sodass scharfe Kanten entstehen. Diese Vertiefungen bzw. Prägungen bleiben beständig erhalten. Wenn sich in meinen Gedanken etwas einprägt, dann hat das auch etwas mit Beständigkeit zu tun. [4]

Ich hatte also die absolute Gewissheit, dass Gott mir irgendwann, irgendwie helfen würde, weil ich es allein nicht mehr schaffen konnte.

In dieser Zeit war ich auch als Gemeindeältester in Verantwortung. Meine Sorgen konnte ich nach Feierabend nicht einfach im Betrieb lassen, sondern nahm sie mit nach Hause und auch mit in die Gemeinde. Oft habe ich damit gerungen, dieses Gemeindeamt aufzugeben, weil ich stets den Ballast aus meinem Beruf mit mir herumschleppte. Ob das einige bemerkt haben, weiß ich nicht. Ich versuchte stets, mir nichts anmerken zu lassen. Außerdem hatte ich auch einen gewissen Stolz, der es mir verbat, anderen meine Last aufzubürden. Nur ganz wenige Personen hatten Kenntnis von meiner Lage, die ich aber zur Verschwiegenheit verdonnerte.

---

4   Siehe dazu weitere Erläuterungen im Anhang.

Mein Ältestenamt habe ich damals nicht aufgegeben. Gott hat mir – trotz aller Sorgen – Kraft und Freude für diesen Dienst geschenkt, und auch im Predigtdienst hatte ich hin und wieder einen Termin. Im Nachhinein wundere ich mich darüber, wie ich das alles unter einen Hut gebracht habe. Starke Unterstützung habe ich von meiner Frau bekommen. Ohne sie wäre ich wohl völlig verzweifelt.

Eines Tages hatte ich mal wieder einen Termin bei meiner Bank. Ich sollte bitte die Bilanz des vergangenen Jahres mitbringen. Mir schwante nichts Gutes. Der Weg dorthin war nicht lang: nur zehn Minuten Fußweg. Dann musste ich im Gebäude eine lange Treppe hinaufgehen. Mir schlotterten die Knie. Als ich oben war, habe ich kurz für ein Stoßgebet innegehalten. Mit frischer Kraft trat ich dem Geschäftsstellenleiter entgegen, der bis jetzt ein sehr umgänglicher Mensch gewesen war. Nach ein paar freundlichen Floskeln wurde es ernst: „Herr Goerke, das Ende der Fahnenstange ist jetzt erreicht. Ich sehe keine Möglichkeit mehr, Ihnen mit weiteren Krediten und einem größeren Rahmen des Überziehungskredits zu helfen. Mir sind Grenzen gesetzt. Ich kann nichts mehr für Sie tun."

Erstaunlich entspannt verließ ich das Gebäude und kam auch gut die Treppe wieder herunter. Allerdings hielt ich mich jetzt am Geländer fest. Keine Ahnung, wie das so möglich war. Die folgenden Tage waren nicht einfach. Hatte Gott mich vergessen? Ich hatte doch auf seine Hilfe gebaut. Was sollten wir jetzt tun?

Fragen über Fragen. Von Entspannung keine Spur mehr. Von Verzweiflung aber auch nicht.

Trotz allem wusste ich mich in Gottes Arm gehalten. „Herr, zeige mir einen Weg, wie es jetzt weitergehen soll, ich vertraue dir", war mein Gebet, und ich war innerlich relativ ruhig. Das konnte nur Gott bewirken. Zuletzt war ich mit meiner Frau allein in der Buchbinderei. Die Mitarbeiter hatte ich nach und nach entlassen müssen. Gott zeigte mir in seiner Weisheit einen Weg aus dieser Misere. Ich fragte einen Kollegen und Konkurrenten, ob er meinen Betrieb kaufen wolle. Und tatsächlich kamen wir überein. Er kaufte mir den Betrieb für einen Betrag ab, der es mir ermöglichte, einen großen Teil meiner Schulden sofort zu begleichen. Die Abwicklung lief problemlos, auch deshalb, weil ich in einer anderen Firma, allerdings berufsfremd, zeitgleich eine Stelle angeboten bekam. Auch Helga, meine liebe Frau, fand eine neue Arbeitsstelle. So ging es weiter, wir verdienten gut und konnten finanzielle Verbindlichkeiten weiterhin abbauen.

Gott ist groß! Es lohnt sich allemal, ihm in jeder Angelegenheit zu vertrauen. Leider hatte ich meinen Betrieb, den ich 17 Jahre führen durfte, nicht retten können.

Was denken nun die Leute über mich? Als Geschäftsmann ist man in seiner Stadt und auch darüber hinaus nicht so ganz unbekannt. Egal war mir das nicht, und ich lebte nicht nach dem Motto: „Ist der Ruf erst ruiniert, lebt es sich ganz ungeniert", frei nach Wilhelm Busch. Ein guter Ruf ist ein gutes Zeugnis und hat seinen Wert. Ich dachte an König Salomo, der einen guten Ruf hatte in seiner damaligen Welt, sodass sich die Königin von Saba veranlasst sah, Salomo aufzusuchen und sich diesen Menschen genauer anzusehen, dessen guter Ruf bis in ihr 1000 km entferntes Land gelangt war. Es heißt in der Bibel: *„Und Gott gab Salomo Weisheit und sehr große Einsicht und Weite des Herzens, wie der Sand am Ufer des Meeres"* (1. Könige 5,9). Können wir auch darum bitten? Natürlich dürfen wir das! Wir dürfen Gott um Weisheit bitten, ebenso um große Einsicht und ebenfalls um Weite des Herzens, denn im ersten Kapitel des Jakobusbriefes wird genau das gesagt. Vielleicht schenkt Gott uns das nicht alles auf einmal. Sicher war Salomo ein Paradebeispiel dafür, was Gott zu geben vermag. Gott kann schenken und Gott kann nehmen. Mir nahm er die Firma, die er mir 17 Jahre vorher geschenkt hatte. Das war ein Schlüsselerlebnis für mich. Und was denken nun die Leute über mich? Werde ich als Versager abgestempelt, der seinen Betrieb heruntergewirtschaftet hat? Später sagte mir jemand, der Verkauf sei ein weiser Entschluss gewesen, keine Niederlage. So blieb ich relativ unbeschädigt.

Vielen im Land ergeht es ja so, einigen noch viel schlimmer als mir. Ich erkannte in meiner Notsituation göttliches Handeln. Vertrauensvoll habe ich mich im Gebet an Gott gewandt und gemerkt, dass sein starker Arm mich festhält. Einen guten Ruf erlangt man nicht von heute auf morgen. Man kann ihn aber von heute auf morgen verspielen. Bitten wir Gott, dass er uns davor bewahre. Bitten wir um Weisheit und Einsichtigkeit und um ein weites Herz. So erlangen und bewahren wir einen guten Ruf, bei Gott und den Menschen.

Ich erinnere mich an die Geschichte einer indischen Fabel: In einem Feigenbaum saßen zwei Tauben. Da sagte die eine: „Unsere letzte Stunde hat geschlagen. Siehst du den Schützen mit Pfeil und Bogen und über uns den blutrünstigen Falken?" Die andere Taube erwiderte: „Hab keine Angst, Gottes Wille geschehe." In diesem Augenblick biss eine Schlange den Schützen in die Ferse, verwirrt drückte er ab und tötete den Falken. Die beiden Tauben flogen fröhlich davon.

Das Wort „hoffnungslos" gibt es bei Gott nicht. Wenn wir mit unserem Latein am Ende sind, fängt er erst an. Ein Sprichwort lautet: „Pünktlich schlägt des Meisters Uhr, warte nur!"

Gott muss nicht so handeln wie in der Fabel, aber er kann. Er muss nicht jeden Knoten lösen, aber er kann. Egal, wie es um mich steht. Mein Lebensweg ist auf seiner Karte eingezeichnet. Und er ist gut und führt zum Ziel. Unser kleines menschliches Gehirn ist nicht zu messen mit den göttlichen Gedanken des großen Gottes, Schöpfer des Himmels und der Erde. Wir malen uns unser Leben oft in den schönsten Träumen aus und sind enttäuscht, wenn Gott unsere Wege durchkreuzt. Lassen wir seinen Willen mit uns geschehen, denn er ist gut.

Lassen wir uns in seine Arme fallen, mit unseren Wünschen, Ängsten, mit unserer Verzweiflung und Trauer. Seine Gedanken und seine Wege mit uns sind höher als unsere menschlichen Gedanken und Wege. Immer wieder muss ich mir das selbst sagen und es akzeptieren. Wollen wir nicht einstimmen in das Lied von Martin Luther: *„Ihn, ihn lass tun und walten, er ist ein weiser Fürst, er wird sich so verhalten, dass du dich wundern wirst"*?

Gott ist an unserer Seite. Wenn wir morgens aus dem Haus gehen und unseren Verpflichtungen nachkommen, dürfen wir das mit Freuden tun, weil wir auch im Alltag von unserem Gott in Frieden geleitet werden. Wenn der Tag zu Ende geht, ist Gott auch in der Nacht bei uns (Psalm 139). Er wacht über uns, wenn wir uns abends zum Schlaf niederlegen. Und morgens, wenn wir aus dem Bett krabbeln, ist er auch da: „Guten Morgen, hast du gut geschlafen?" Genau so dürfen wir das sehen. Und er geht mit uns in den neuen Tag. Tiefe Gelassenheit, Friede und Freude können unser Inneres erfüllen, wenn wir das zulassen.

Jetzt, 23 Jahre später, mit viel Abstand, kann ich erkennen, dass es gut und richtig war, diesen neuen Weg eingeschlagen zu haben, den Gott uns damals gezeigt hat.

In meinen Problemen war ich sehr gefangen, doch nicht hoffnungslos. Ich werde weiter mit Gott mein Leben planen, mit wem sonst?

*„Herr, lass mich immer daran denken,
dass du alles in deiner Hand hältst,
mein ganzes Leben, mit allen Problemen.
Schenke mir immer wieder das völlige
Vertrauen in dein Handeln an mir.
Hilf mir, dass ich aus diesem Vertrauen
anderen helfen kann, die verzweifelt sind und
in ihren Problemen unterzugehen drohen.
Dir möchte ich dienen, solange du mich noch
auf Erden leben lässt. Ich wünschte, es wäre
noch lange. Dein Wille geschehe. Amen!"*

Kapitel 5

Biblische Lösungsansätze

Wie kann ich aus den Konflikten, die mich beherrschen, herauskommen? Sind meine Probleme so groß, dass sie kaum zu lösen sind? Werde ich darin umkommen oder gibt es Hilfen?

In den vorigen Kapiteln habe ich schon einige Bibelverse genannt, die uns Hilfe von Gott anbieten. *„Meine Hilfe kommt von dem Herrn, der Himmel und Erde gemacht hat"*, ruft der Psalmist aus (Psalm 121,2).

Gott, der Schöpfer des Himmels und der Erde, nimmt sich unser an. An ihn können wir uns wenden, er hat mich geschaffen, er kennt mich und liebt mich. Das ist mir immer bewusst, dennoch sind die Zweifel oft da. Mir hilft es in meinen Problemen, wenn ich mich im Gebet an Gott wende. Ich gebe sie praktisch an meinen Schöpfer ab und warte. Schauen wir in die Bibel, so erkennen wir, wie andere Personen mit ihren Konflikten umgegangen sind und ihr Vertrauen komplett auf Gott setzten.

1. Josef (1. Mose 37–50)

Josef wurde von seinen Brüdern an eine Karawane der Ismaeliter verkauft. Diese wiederum verkauften ihn an den Ägypter Potifar, einen Kämmerer des Pharao. Josef war nicht mehr Herr über sich selbst. Er wurde Sklave, aber er verzweifelte nicht. Es heißt in 1. Mose 39,2: *„Der Herr war mit Josef und er war ein Mann, dem alles gelang."* Vers 5: *„… da segnete der Herr das Haus des Ägypters um Josefs willen; und der Segen des Herrn war auf allem, was er hatte, im*

Haus und auf dem Feld." Hatte Gott mit diesem Josef nur Mitleid oder steckte mehr dahinter? In den
weiteren Versen des 39. Kapitels sehen wir, was Josefs
Denken und Handeln war. Als die attraktive Frau des
Potifars mit ihm schlafen wollte, weigerte er sich ve-
hement und sagte: *„Wie sollte ich dieses große Unrecht
tun und gegen Gott sündigen?"* Das war Josefs innere
Haltung. Trotz Verkauf nach Ägypten, trotz Verlust
des Elternhauses, trotz vieler innerer Konflikte vertraute er seinem Gott. Er war sich sicher, trotz allem, was ihm bisher widerfahren war: „Gott wird bei
mir sein und mich segnen. Vielleicht sehe ich auch
meine Eltern und Geschwister und Freunde irgendwann wieder …" Diese innere Ruhe und Gewissheit
schenkte ihm Gott. Josef wusste, Gott enttäuscht ihn
letzten Endes nicht. Wenn wir in unseren Nöten und
Schwierigkeiten Gott wirklich vertrauen, wird er uns
auch diese innere Ruhe schenken, die uns durch unsere Konflikte hindurchträgt, wie bei Josef. So wird
der Herr mit uns sein und uns – und durch uns auch
andere – segnen. Diesen Glauben eines Josef, der
möge auch mich stärken und die Beziehung zu Gott
festigen!

2. Hiob

Es gibt wohl kaum einen Menschen, der mehr durch-
gemacht hat als Hiob. Nachdem ihm alles, wirklich
alles genommen worden war, sein ganzer Besitz und
seine Kinder, betete er Gott an: *„Nackt bin ich zur
Welt gekommen, und nackt verlasse ich sie wieder.*

Herr, du hast mir alles gegeben und du hast mir alles genommen, dich will ich preisen" (Hiob 1,21). In seiner Verzweiflung über das, was geschehen war, warf er seinen Glauben an Gott nicht über Bord. Viele Menschen, auch Christen, vielleicht auch ich, würden Gott anklagen und sich wünschen, auch zu sterben. Nicht so Hiob: *"Das Gute nehmen wir von Gott an, da sollten wir das Böse nicht auch annehmen?' Bei alldem sündigte Hiob nicht mit seinen Lippen"* (Hiob 2,10).

Wir können das alles kaum verstehen. Wie kann ein Mann, dem so übel mitgespielt wurde, so denken und so reden? Dafür gibt es nur eine Erklärung: Nur mit Gott an der Seite ist so etwas möglich. – Das macht mir Mut. Selbst die größten Strapazen, Bürden oder Widerstände, die ein Mensch erleidet, sind mit Gottes Hilfe zu ertragen und zu bestehen. Wer sonst könnte mich davon erlösen oder mir Kraft zum Tragen geben als nur Gott allein? Gott ist allmächtig und groß. Nichts ist ihm zu groß, nichts zu klein. Seine Liebe zu mir ist Wirklichkeit, auch wenn ich sie manchmal nicht spüre. Das zu wissen und auch zu erfahren stärkt meinen Glauben.

3. David

Die Bibel berichtet nicht nur über Glaubenshelden, sondern auch über Menschen, die versagt haben, wie z. B. David. Wenn wir uns eben daran erinnert haben, wie Josef der Frau des Potifar widerstand, sehen wir bei David genau das Gegenteil. Er wurde schwach, als er die schöne Batseba durch Zufall nackt sah, und beging Ehebruch. Er brauchte als König nur mit dem Finger zu schnipsen, und schon hatte er sie. Das war die große Gefahr. Als Samuel David zum König über Israel salbte, heißt es: *„Und der Geist des Herrn geriet über David von diesem Tag an und darüber hinaus"* (1. Samuel 16,13). Wie kann ein Mensch, der den Geist Gottes besitzt, so handeln? Aber sind wir denn so viel besser als David? Vielleicht steht Ehebruch nicht auf unserem Sündenprogramm, aber andere Verfehlungen bestimmt. David kam zur Besinnung und fand zu Gott zurück. Er bat um Vergebung, und Gott vergab ihm. Psalm 51 zeugt davon: *„Ein zerbrochenes und zerschlagenes Herz wirst du, Gott, nicht verachten"* (Vers 19).

David hatte die Konsequenzen seiner Sünde zu tragen. Das blieb ihm nicht erspart. Aber er fand zu Gott zurück, und Gott war bei ihm. Diese Tatsache, dass David eine Umkehr zu Gott schaffte, wurde ihm zum Segen. Er war ein Mann Gottes, der immer wieder Zuflucht bei Gott nahm und mit seiner Hilfe Feinde besiegen konnte.

„David stärkte sich an dem Herrn, seinem Gott" (1. Samuel 30,6). Das möchte ich mir auch zu eigen machen. Hilfe und Stärke finden in meinem Gott: *„Er leitet auch mich auf sicheren Wegen und gibt mir neue Kraft, weil er der gute Hirte ist"* (Psalm 23,3). Sind das nicht gute Lösungsansätze für meine Belastungen?

David hat einen sehr schönen Psalm geschrieben, den 139. Psalm. Der Zentralgedanke dieses Psalms ist die Geborgenheit in Gott und dass er uns durch und durch kennt. Wenn David behauptet: „Gott kennt mich", dann ist das viel mehr, als nur meinen Namen, mein Geburtsdatum, meine Adresse, meine Schuhgröße und meine Steuernummer zu kennen. Gott kennt mich im tiefsten Innern.

Man hat diesen Psalm auch Psalm der Psychoanalyse genannt. Hier wird wirklich Tiefenforschung bis in das Innere des Menschen betrieben. Der Mensch ist ein von Gott durchschauter Mensch, bis in den intimsten Bereich hinein. Das Wurzelgeflecht unserer Motive ist Gott bekannt. Gott kennt jeden Gedankenvorgang unseres Lebens. Er kennt uns von Grund auf, nichts bleibt ihm verborgen, und er versteht uns auch. Wir müssen uns vor Gott nicht verstellen, er kennt uns sowieso besser, als wir uns selbst kennen. Vor jedem Menschen kann ich eine Fassade aufbauen, vor Gott nicht!

Tröstlich ist es, wie es Albert Frey in einem Lied ausdrückt: *„… und ich danke dir, dass du mich kennst und trotzdem liebst. Und dass du mich beim Namen nennst und mir vergibst."* Alle meine schlechten Gedanken, auch wenn ich sie nicht ausspreche – du, oh Gott, kennst sie! Und wenn ich den unsympathischen Zeitgenossen manchmal Schlechtes wünsche und mich freue, wenn sie Niederlagen erleiden – Gott, du weißt es; und das Schönste ist, dass du mich trotzdem liebst. *„Und du hebst mich zu dir hinauf und du richtest mich wieder auf."* Wir sind wieder auf Augenhöhe, und ich lasse mich von dir inspirieren.

„Biblische Lösungsansätze" habe ich dieses Kapitel benannt. Schauen wir weiter hinein in das Buch der

Bücher, das Wort Gottes, und lassen wir uns ansprechen. Dieser Vers aus Davids Psalm gefällt mir besonders: „*Von allen Seiten umgibst du mich und hältst deine Hand über mir.*" Wenn ich Gott in mein Leben hineinlasse, dann bewahrheitet sich dieses Bibelwort und viele andere ebenso.

Ich denke an eine Mutter, die vor dem Gitterbettchen ihres Kindes steht und beobachtet, wie der kleine Junge ganz unruhig schläft. Bald wirft er sich auf die eine Seite, dann stöhnt er, ballt die Fäustchen, strampelt die Decke ans Fußende und wirft sich auf die andere Seite. Das Gesicht ist verkrampft, zum Weinen verzogen, und aus dem kleinen Mund kommen ab und zu wimmernde Töne. Die Mutter weiß, das Kerlchen hat einen bösen Traum, es wird bald aufwachen. Jetzt gehen die kleinen Augen ein wenig auf, dann wieder zu, noch einmal ein leises Wimmern, ein Blinzeln. Die Mutter beugt sich tief über ihren Sohn, schaut ihn freundlich an – und das Erste, was der Kleine sieht, ist das vertraute Gesicht seiner Mutter. In diesem Augenblick ist die Welt wieder in Ordnung. Der böse Traum ist vergessen.

Das ist ein schwaches Bild dafür, dass Gott seine schützende Hand über uns hält, und zugleich ein trefflicher Vergleich dafür, wie uns zumute ist, wenn uns das bewusst wird. Gott ist da! Vergessen wir das nicht. Er umgibt uns von allen Seiten und schützt und bewacht uns jeden Tag.

Lassen wir die Bibel zu uns sprechen. Darin spricht der Geist Gottes zu uns und weist uns den Weg.

4. Petrus

Petrus, ein Jünger des Herrn und Apostel mit einer besonderer Berufung, war mit Jesus unterwegs. Was hatte er nicht alles mit Jesus erlebt! Jesus hatte ihn aus seinem Arbeitsfeld als Fischer abberufen und ihm verheißen, nun Menschenfischer zu werden. Petrus hatte erlebt, wie an Jesus' Seite viele Wunder geschahen. Einmal schickte Jesus Petrus wieder ans Wasser, an den See Genezareth – dorthin, wo er früher sein Brot verdient hatte, dorthin, wo er sich gern aufhielt. Jedoch nicht zu einem Fischzug, sondern zum Angeln. Er sollte nur einen einzigen Fisch an Land ziehen und dessen Maul öffnen. Darin würde er eine Münze finden, die für die Steuer ausgegeben werden konnte, die Jesus und die Jünger von Staats wegen bezahlen sollten. *„Diese Münze gib für mich und für dich"*, sagte Jesus zu Petrus (Matthäus 17,24-27).

Jesus schickte ihn weg, an den See, in die Einsamkeit. Denn wer angeln will, sucht nicht den Rummel an der Seepromenade, der geht an einsame Stellen, wo die Fische besser beißen. Jesus verordnete Petrus Ruhe und verband das sogleich mit einem Auftrag. Welch eine Spannung, wann würde wohl der Fisch an den Haken gehen? In fünf Minuten oder in zwei Stunden oder noch später?

Der See Genezareth ist eines der schönsten Gewässer der Welt. Dorthin schickte Jesus den Petrus. Oft schenkt Gott uns auch schöne Erlebnisse und verbindet diese hin und wieder mit einem Auftrag, zumindest aber mit einem intensiven Nachdenken. Das führt zum Dank für viel Gutes und Schönes, das uns Gott erleben lässt. Ich fuhr einige Monate lang zur Arbeit über einen hohen Berg. Manchmal habe ich oben angehalten, wenn die Sonne aufging, und habe mir das Schauspiel, bei schönem Wetter auf einem großen Stein sitzend, angesehen. Es war frühmorgens, die Vögel zwitscherten, und ich sah die Sonne im Morgennebel aufgehen. Dort war ich ganz allein, dort habe ich Gottes Schöpfung wirklich genossen und eine intensive „stille Zeit" gehabt. Das sind schöne Erinnerungen.

Jesus sagte zu Petrus: „*Diese Münze, die du im Maul des Fisches findest, nimm und zahl damit die Steuer für mich und für dich.*" Jesus zog Petrus zu sich und sprach zu ihm auf Augenhöhe. „*Für mich und für dich.*" Jesus steht an erster Stelle. So sollte es immer sein. Merken wir, wie stark die Beziehung zwischen Jesus und Petrus war? So stark sollte sie auch bei uns heute sein. Im ersten Kapitel kam das schon zur Sprache.

In meiner Erinnerung bleibt eine Begebenheit mit meiner Tochter, damals sieben Jahre alt: Wir beide schlenderten durch einen Freizeitpark und steuerten auf den heiß ersehnten Spielplatz zu, an dem ein Kiosk stand. „Papa, kaufst du mir ein Eis?", fragte meine Tochter und schaute mich mit ihren großen blauen Augen erwartungsvoll an. Natürlich konnte der Vater nicht widerstehen. Ich gab ihr das nötige Kleingeld und sagte zu ihr: „Geh du bitte und bringe auch mir ein Eis mit." Sie kam nach einer Weile mit zwei Eis am Stiel zu mir zurück und sagte: „Für dich und für mich." Gemeinsam genossen wir unser Eis, und ich merkte ihr an, wie glücklich sie war. Nicht nur wegen der Schleckerei, sondern weil sie das mit ihrem Papa gemeinsam genießen konnte. Ich nahm sie herzlich in den Arm und war ein zufriedener und auch glücklicher Vater.

Jesus beschenkt uns: Petrus mit dem Geld für die Steuer – und uns? Jeder überlege selbst, was er von Jesus alles geschenkt bekommen hat.

Und wenn ich diese intensive Beziehung pflege, kann es nicht anders sein, dass Gott (Jesus) mich auch beschenkt, denn er gibt gerne. Vielleicht gibt er mir Kraft und Ausdauer, meine Lasten zu tragen. So kann ich ein Vorbild für andere sein, denen es ähnlich geht wie mir, die mit ihrer Situation aber nicht fertigwerden. Vielleicht zeigt er mir auch eine Lösung, aus der Gefangenschaft meiner Probleme herauszufinden, die mich so enorm belasten. Wenn er mich aus dieser Gefangenschaft befreit, werde ich die Beziehung zu Gott weiter vertiefen und auf Aufträge warten, die er mir zum Bau seines Reiches hier auf Erden gibt.

5. *Paulus*

Im vierten Kapitel des Philipperbriefes schreibt Paulus diesen markanten Satz: *„Freut euch im Herrn allezeit!"* (V. 4). Geht das überhaupt? Ist das realistisch? Paulus dachte tiefer, denn diese Freude, die er meint, ist mehr als nur eine Entspannung der Gesichtsmuskulatur. Mehr als nur ein Lächeln. Die Mimik der

Freude, also das Lachen, ist kulturübergreifend unter allen Völkern nahezu identisch. Diese Ermunterung *„Freut euch!"* kommt von einem Mann, der nicht in einer schönen Ferienwohnung mit Meerblick sitzt, sondern im Gefängnis; und er muss mit dem Tod rechnen. Trotzdem spricht er von einer Freude, die konstant ist – *„allezeit"*.

Aber kann man Freude einfach so befehlen, obwohl meine Lebensumstände mich eher zu Tränen rühren vor Verzweiflung?

Hier liegt das Geheimnis! Paulus meint keine konkrete „Anlassfreude", die hatte er in Gefangenschaft auch nicht. Es war auch keine seelische „Stimmungsfreude". Nein! Es war eine elementare „Existenzfreude", eine vom Gefühlsbarometer unabhängige Freude, die auf der Grundlage folgender Tatsache entsteht: „Ich bin ein Kind Gottes, ich bin von Gott geliebt, ich freue mich deshalb in dem Herrn."

In dieser Verwurzelung hatte seine Freude ihren Grund. Von dorther erklärt sich seine Aufforderung zur Freude *„allewege"* – *„allezeit"*. Also in allen Lagen, auch im Leid.

Wenn wir Kleinkinder beobachten, sehen wir, wie sie aus lauter Daseinslust fröhlich sind. Ohne besonderen Anlass, einfach, weil sie da sind, freuen sie sich. Von ihnen können wir Erwachsenen lernen.

In Gottes Gemeinschaft können wir Freude für das Leben empfangen. Das ist mehr als nur Freude für den Augenblick. Das ist Freude für Zeit und Ewigkeit. Sie ist eine bewegende Kraft, sie will uns in die Weite führen und uns Mut geben. Diese Freude dürfen Sie sich von Gott erbitten, wenn Sie trotz dieses Wissens keine echte Freude empfinden, weil alles so schwer geworden ist, weil Sie vielleicht psychisch erkrankt sind und feststellen: Meine Seele singt nicht mehr. Ist Freude für Sie ein Fremdwort geworden? Darüber haben Experten dicke Bücher geschrieben, viele sind sehr lesenswert. Freude in und durch Jesus Christus ist ein Geschenk des Heiligen Geistes, und zu ihr können wir jederzeit einen Zugang finden. Paulus betet in Römer 15,13: *„Deshalb bete ich für euch alle, dass Gott, der diese Hoffnung schenkt, euch in eurem Glauben mit großer Freude und vollkommenen Frieden erfüllt, damit eure Hoffnung durch die Kraft des Heiligen Geistes immer stärker wird."*

Wir sollten Folgendes festhalten und verinnerlichen:
- Gott liebt mich!
- Gott vergibt mir!
- Gott hat mich angenommen!
- Gott ist für mich und bejaht mich!
- Gott achtet mich wert!
- Bei Gott bin ich keine Null!

Aus diesem Gottvertrauen erwächst gottgewolltes „Selbstvertrauen", und daraus reift gottgewollte „Selbstverwirklichung" im Sinne von Galater 2,20: *„Ich lebe, doch nicht ich, sondern Christus lebt in mir."* Mit anderen Worten: Wenn ich Gott vertraue, stärkt mich das und richtet mich auf seine Ziele aus, über deren Verwirklichung ich mich ganz und gar freue.

Solches (Um)Denken ist nicht vergeblich. Es bringt eine neue Lebensqualität hervor: sinnvolles, reiches, freudiges Leben. Jesus ist gekommen, damit wir Leben haben, Leben im Überfluss (vgl. Johannes 10,10).

Paulus sagt: *„Seid um nichts besorgt, sondern in allem sollen durch Gebet und Flehen mit Danksagung eure Anliegen vor Gott kundwerden; und der Friede Gottes, der allen Verstand übersteigt, wird eure Herzen und eure Gedanken bewahren in Christus Jesus"* (Philipper 4,6-7).

Gebetet haben Sie sicher schon, aber haben Sie auch schon mal zu Gott gefleht? Flehen, das ist ein Schreien zu Gott. Ja, wir dürfen vor Gott auch unsere ganze Not hinausschreien. Die Israeliten schrieen zu Gott, als sie vor dem Roten Meer auf Gottes Eingreifen warteten und die Ägypter ihnen im Nacken standen. Gott antwortete: *„Der Herr wird für euch streiten und ihr werdet stille sein."* Euer Schreien wird verstummen, es wird nicht mehr nötig sein. Selbst Jesus hat seinen Vater mit Flehen und *„starkem Geschrei"* unter Tränen angerufen (Hebräer 5,7).

Wenn unsere Freude abhandengekommen ist, dürfen wir mit Gebet und Flehen vor Gott erscheinen und ihm alle unsere Anliegen „vorwerfen", so schwerwiegend sie auch sind. Wenn es um unsere Existenz geht, sind Sorgen oft berechtigt, denn sie haben eine Ursache. Aber sie sollen uns nicht kaputt machen. Wir sind nicht blinder Willkür, dem Zufall oder dem Schicksal ausgeliefert. Unser Leben ist von Gott geplant, geordnet und geleitet.

Es gibt viele Menschen, die mit einer „Egal-Stimmung" oberflächlich leben. In der Wirtschaft gibt es ein Wort, das niemals ausgesprochen werden darf: egal. Das ist ein absolutes No-go-Wort. Es signalisiert Oberflächlichkeit und Achtlosigkeit. Aber in Bezug auf meine Sorgen wünsche ich mir öfter eine gewisse Oberflächlichkeit. Ein Abgeben der Sorgen an Gott. Gott in seiner Weisheit weiß, was er tut. Was wir brauchen, das hat Gott reichlich parat. Deshalb sollen wir uns nicht sorgenvoll immer wieder vorhalten, was uns fehlt, sondern es bittend im Gebet vor Gott kundwerden lassen. Mit Danksagung für all das, was er schon für uns getan hat.

Als ich im ersten Kapitel von der persönlichen Beziehung schrieb, die wir zu Gott haben, kam eine gewisse Freude zum Ausdruck. Es kann sein, dass diese Freude, die am Anfang da war, abhandengekommen ist. Aber sie ist nicht für immer verloren, Gott hält sie fest. Wenn die Freude schwindet, ist sie nicht für immer weg, Gott hält meine Freude fest!

Das müssen wir uns immer wieder bewusst machen, wir dürfen sie quasi aus seiner Hand wieder zurücknehmen. Das macht mich zufrieden mit Gott. So komme ich zum Frieden mit Gott. Und der Friede Gottes, der unerklärbar ist, wird mein Herz und meine Gedanken bewahren in Christus Jesus.

„Herr, danke, dass es in der Bibel
Lösungsvorschläge für meine Sorgen gibt.
Hilf mir, dass ich sie immer finden und
anwenden kann. Gib mir ein freudiges Herz
und lass mich immer bedenken, dass du
mich wertachtest und mich liebst.
Dir möchte ich dienen, solange ich
auf der Erde lebe, hoffentlich noch lange.
Dein Wille geschehe. Amen!"

Kapitel 6

Berufung und Auftrag

Bis jetzt haben wir darüber nachgedacht, wie das Leben eines Christen verlaufen kann. Nachdem ich beschlossen hatte, mein Leben auf Gott auszurichten und es mit Christus zu gestalten, besonders im persönlichen Umfeld, tauchten viele Fragen auf. Dieser Lernprozess war sehr spannend, habe ich doch Gott in vielen Situationen hautnah erlebt, dann aber wieder lange auf bestimmte Antworten von ihm gewartet. Festzuhalten war: Gottes Reden zu mir habe ich wahrgenommen. Er sprach zu mir im persönlichen Umfeld in viele Situationen hinein. Gerade, als ich in persönlichen Krisenzeiten sehr unruhig wurde, habe ich ihn als Gestalter und zukunftsorientierten Herrn meines Lebens kennengelernt. Das sind Erfahrungen, die ich nicht mehr missen möchte.

Wie stellt sich Gott nun meine Gegenwart und meine Zukunft vor? Hat er etwas Besonderes mit mir geplant? Läuft es so weiter wie gehabt? Das kann recht unterschiedlich sein. Vieles hängt auch von unserem Beruf ab.

Wenn ich noch einmal von vorn anfangen könnte, was natürlich nicht möglich ist – aber man darf ja mal träumen –, würde ich eine Bibelschule besuchen, um das Wort Gottes noch tiefer kennenzulernen und Zusammenhänge besser zu verstehen. Danach würde ich auf eine Berufung warten, was ich nun mit meinem erlernten Wissen anzufangen habe.

Viele Bibelschüler haben nach ihrer Ausbildung eine Berufung in die Mission erhalten. Andere wiederum gehen in die Gemeindearbeit oder einfach wieder in ihren Beruf zurück und warten auf Gottes Auftrag. Einige studieren weiter und besuchen das akademische Aufbauprogramm. Eine Ausbildung an einer theologischen Akademie hat viele Vorteile, ist aber nicht zwingend die Voraussetzung für eine Berufung von Gott zu einem persönlichen Auftrag.

Kürzlich sah ich eine große Werbetafel der Bundeswehr. Abgebildet war eine junge Frau im Kampfanzug mit der Unterschrift: „KÄMPFEN – Folge deiner Berufung." Später entdeckte ich ein ähnliches Plakat mit einem jungem Mann in Uniform. Darunter stand: „FÜHREN – Folge deiner Berufung." Die Mediengestalter hatten sich etwas dabei gedacht. Wenn Interesse an dem Beruf des Soldaten besteht, wird diese Werbeaktion ein Denken in eine bestimmte Richtung auslösen, und der Betrachter kommt automatisch ins Nachdenken, ob das nicht auch seine Berufung ist, wenn die Voraussetzungen erfüllt sind. Berufen durch Werbung, geht das? Wir Christen verstehen unter Berufung eigentlich etwas anderes. Gott ruft uns, und wir folgen – oder auch nicht.

Hören wir, wenn Gott uns ruft? Gehen wir los, wenn Gott uns bestimmte Wege aufzeigt? Erkennen wir, dass ER es ist, der zu uns spricht? Das ist manchmal ein Problem. Wie kann ich sicher sein, dass Gott mir einen Auftrag gibt und ich mir das nicht nur einbilde?

Wenn wir eine göttliche Weisung erhalten, wird uns das früher oder später deutlich bewusst. Gott kennt unser Denken, unsere Zweifel und weiß, wie wir empfinden. Gott kann recht deutlich zu uns sprechen, und wenn er uns einen Auftrag erteilt, dann werden wir das auch als seine Weisung klar erkennen. Lasst uns das im Gebet immer wieder klar definieren: „Herr, zeige mir ganz deutlich deine Weisung und befreie mich von meinem Selbstzweifel." Ich bin sicher, Gott wird auf seine Weise antworten. Möge ER uns dazu die nötige Geduld geben. Als ich von einem Bruder der Gemeinde gebeten wurde, Verantwortung zu übernehmen, habe ich sofort Ja gesagt, weil das „mein Ding" war und ich mir das gut vorstellen konnte. Später wurde ich gefragt, ob ich in einem bestimmten Missionswerk ehrenamtlich mitarbeiten wolle. Auch das konnte ich mir gut vorstellen und war dazu bereit. Im Laufe meines Lebens wurde ich mehrmals von anderen angesprochen, ob ich für dieses oder jenes bereit wäre, meine Kraft einzusetzen. Zunächst habe ich dann meist eine Weile überlegt, bis Gott mir dann klar gezeigt hat, was ich zu tun hatte. Einige Anfragen musste ich auch absagen. Gott kann also andere Menschen dazu „berufen", mich zu berufen.

Gott kann aber auch ganz direkt nur zu mir sprechen. So hat Gott mir ganz deutlich gezeigt, über das Thema eines „langen Lebens auf Erden" ein Buch zu schreiben. Plötzlich hatte ich diese Idee, wie aus dem Nichts. Ich wollte vom Schlafzimmer in mein Arbeitszimmer gehen und blieb im Türrahmen stehen und hielt inne. Mein Blick blieb an meinem Bücherschrank mit christlicher Literatur hängen, und ich schaute auf die mehrbändigen Bibelauslegungen.

Plötzlich fiel mir ein, dass ich schon vor längerer Zeit einmal intensiv über die Verheißung des vierten Gebotes nachgedacht hatte, aber irgendwie mit der Erklärung nicht weiterkam. Über dieses Thema intensiv nachzudenken war mir auf einmal ein großes Anliegen. Nach weiterem Nachdenken fühlte ich mich darin bestärkt. Mir wurde klar: Gott wollte, dass ich anfing zu schreiben. Das war ein deutlicher und neuer Auftrag von ihm. So begann ich einfach und hatte große Lust dazu. Das Ergebnis liegt nun in Ihrer Hand.

Gott hat seinen Kindern Gaben, also besondere Fähigkeiten, geschenkt. Es gibt keine wichtigen oder unwichtigen Gaben. Alle kommen von Gott, und er verteilt nichts Unwichtiges. Die Gaben sind wie bunte Farbtupfer auf Gottes Palette. Wir sollen damit dem Nächsten dienen und die Gläubigen in der Gemeinde erbauen. Wenn wir unsere Gaben einsetzen, haben wir das Ziel, Gott damit zu ehren. Vor einigen Jahren haben wir in der Gemeinde einen Gaben-Erkennungs-Prozess gestartet. Wir merkten, dass in einer großen Gemeinde viele Aufgaben zu bewältigen sind, die Mitarbeiterzahl aber begrenzt war. Wir als Verantwortliche sahen große Herausforderungen, und auf der anderen Seite lagen Gaben brach, von denen wir wussten, dass sie vorhanden waren. Wir bildeten ein Kernteam von 15 bis 20 Personen – ich war eine davon – mit dem Ziel, jedes Gemeindeglied zu Hause zu besuchen und anhand eines Fragebogens, einer Materialmappe, auch eines Gabentests, herauszufinden, welche Gaben die Geschwister haben und ob sie nach der Erkennung bereit wären, an bestimmten Stellen in der Gemeinde verbindlich mitzuarbeiten. Männer besuchten die Männer, Frauen die Frauen. Diese Aktion hat viel Freude bereitet, sowohl bei den Besuchern als auch bei den Besuchten. Wir hatten eine Vision: *„Jeder kennt seine von Gott gegebenen Gaben und die damit verbundene Verantwortung für die Gemeinde. Motiviert aus der Liebe zu Gott und zum Nächsten bringt sich jeder zum Aufbau von Gottes Reich mit ein."* Bis auf einige sehr betagte und kranke Geschwister brachte sich jedes Gemeindemitglied in diesem Prozess gerne ein. Am Ende hat uns als Gemeinde diese Vorgehensweise sehr weitergeholfen und viele neue Mitarbeiter beschert.

Genau wie natürliche Begabungen zeigen sich geistliche Gaben erst dann, wenn sie praktiziert werden. Das bedeutet, dass wir ohne praktische Erfahrung nicht wissen können, ob wir eine bestimmte Gabe haben. Für das Vorhandensein einer geistlichen Fähigkeit sprechen die Neigung, sie gern auszuüben, das Ergebnis beim Ausüben und die Bestätigung durch andere. So musste Paulus den Timotheus auffordern, eine Gnadengabe zu praktizieren, statt sich entmutigen zu lassen (1. Timotheus 4,14).

Natürlich geht es auch darum, übergemeindliche Aufgaben zu übernehmen. Vielleicht der Einsatz in einem Missionswerk, Mitarbeit in der örtlichen Allianzarbeit, Gründung und Aufbau neuer Gemeinden,

Entwicklungsarbeit etc. Ich las den Bericht einer Helferin, die von einem christlichen Werk in Katastrophengebiete gesandt wird, um praktische Hilfe zu leisten. Sie schrieb in einer Reportage: „Ich bin leidenschaftlich in der Arbeit für Leute, die von Katastrophen betroffen sind. Mir ist es ein enormes Anliegen, dass diese Menschen wieder ein würdevolles Leben führen können." Diese Frau hat zweifellos die Gabe der Barmherzigkeit und der Hilfeleistung und lebt sie konsequent aus. Dem gebührt Respekt und Hochachtung.

Gott ruft bzw. beruft Menschen in seinen Dienst, denen er besondere Gaben geschenkt hat, und beauftragt sie. Da alle Christen damit ausgestattet sind und Talente besitzen, die sie vor ihrer Bekehrung zu Christus nicht hatten, dürfen sie auch damit rechnen, Aufträge von Gott zu empfangen. Es lohnt sich, sie anzunehmen.

Schauen wir in die Bibel, sehen wir, wie Gott Menschen beruft, seine Weisungen zu befolgen, weil er einen guten Plan hat, den er mit diesem oder jenen durchführen möchte. Das fängt mit Noah an und geht über Abraham, Mose, Josua, viele Könige Israels, Propheten und gottesfürchtige Männer und Frauen im Alten Testament. Alle Personen, die Gottes Weisungen befolgten und taten, was gut in seinen Augen war, wurden reich gesegnet.

Schauen wir in das Neue Testament und betrachten einige Worte Jesu zu seinen Jüngern und zu den Menschen seiner Zeit. Jesus spricht fremde Männer an, dass sie ihm nachfolgen sollen. Und die tun das. So beruft Jesus zwölf Jünger, die die nächsten drei Jahre ihr Leben mit ihm teilen werden.

Am Beispiel des Petrus sehen wir, dass Nachfolge nicht einfach ein Hinterherlaufen war, sondern dass sich dabei eine innige Beziehung zu Jesus entwickelte. Später fragt Jesus Petrus in Johannes 21,15: *„Simon, Petrus, liebst du mich?"* Petrus antwortete: *„Ja Herr, du weißt, dass ich dich liebe."* Es ist schön zu sehen, dass ein Leben mit Jesus sich so entwickeln kann, auch wenn man wie Petrus mehrfach mächtig versagt hat. Das ist heute auch möglich.

Wenn ich darüber nachdenke, ob ich einen Auftrag von Gott bekommen habe, fällt mir sehr oft zuerst der Missionsbefehl in Matthäus 28,19-20 ein: *„Geht hinaus in die ganze Welt und ruft alle Menschen in meine Nachfolge! Tauft sie und führt sie hinein in die Gemeinschaft mit dem Vater, dem Sohn und, dem Heiligen Geist! Lehrt sie, so zu leben, wie ich es euch aufgetragen habe. Ihr dürft sicher sein: Ich bin immer und überall bei euch, bis an das Ende dieser Welt."* Vorher heißt es, die Jünger gingen an den Berg, wohin Jesus sie bestellt hatte.

Einen ähnlichen Auftrag finden wir auch in Psalm 96,3: *„Erzählt allen Menschen von seiner Herrlichkeit, berichtet allen Völkern von seinen großen Taten."*

Geht hin ... Jesus' Auferstehungskraft ist in dem Schwachen, in mir, mächtig. Gilt dieses Wort auch mir oder ist es nur für die angehenden Missionare bestimmt? Christsein bedeutet, Verantwortung für das ewige Leben der Ungläubigen zu übernehmen. Von daher gehen mich diese Verse sehr wohl was an.

Caspar von Schwenckfeld, ein Freund und Mitarbeiter Martin Luthers, sagte einmal: „Jeder Jünger Jesu ist ein von Gott gesandter Zeuge des Evangeliums in Wort und Wandel." Schwenckfeld hatte schon vor über 500 Jahren die Vorstellung von Gemeinde und Mission nach dem Neuen Testament, konnte sie aber noch nicht verwirklichen. Nikolaus Graf von Zinzendorf (1700–1760), lutherisch-pietistischer Theologe, erhielt entscheidende Impulse für sein geistliches Leben und seinen weltweiten Missionsdienst durch seinen Aufenthalt in Halle. Er nahm Flüchtlinge aus Mähren auf. Daraus schloss sich die Herrnhuter Brüdergemeine zusammen, und 1732 wurden die ersten Missionare ausgesandt. Es wurden bis zu seinem Tod 300 Diener Gottes für die Mission. Für Zinzendorf war Mission immer ein Unternehmen der Gemeinde, und Grundlage für sein Missionsdenken war stets die Bibel.

Was kann ich, der ich keine Berufung in die Außenmission erhalten habe, mit den Worten aus Matthäus 28 anfangen? Tut es mir eigentlich leid, dass so viele Menschen, die ich täglich treffe, Jesus nicht kennen? Wie viele vergeuden ihr Leben in Alkohol und Drogen? Wie viele haben Ängste und seelische Verletzungen? Wie viele schreien innerlich nach Hilfe? Fällt uns auf, wenn ein bestimmter Platz in der Gemeinde schon seit Wochen leer bleibt? „Geh hin", sagt Jesus. „Geh solchen hinterher, bau deinem

Nächsten eine Brücke und bringe ihm/ihr das Evangelium. Nicht in Überheblichkeit, sondern in Liebe." Das ist unser aller Auftrag. Andere Anordnungen folgen, wenn wir Gott danach fragen. Und das sollten wir unbedingt tun.

Jesus beauftragt – die Jünger gehorchen. Einen anderen Auftrag bekamen die Jünger kurz vor Jesu Himmelfahrt. Sie sollten sich nicht von Jerusalem entfernen, sondern auf die Verheißung des Vaters warten (Apostelgeschichte 1,4). Diese Anweisung beherzigten sie, und der Heilige Geist erfüllte sie am Pfingstfest in Jerusalem. Jesus ist zum Himmel aufgefahren, und zurück bleibt dieser kleine Haufen Jünger, „Underdogs" in der römischen Gesellschaft. Sie sollen mit der Weltmission beginnen – und sie tun es.

Erst wenn Jesus wieder auf die Erde zurückkommt, ist der Missionsauftrag erfüllt. Jeder Einzelne ist gefordert, mitzuhelfen, dass Menschen in seiner Umgebung Jesus kennenlernen. Auch der Weg zum Krankenbett meines Nachbarn bedeutet Mission. Dieser Weg ist oft weiter, als in ein fernes Land zu gehen. Was taten die Jünger damals? Sie gingen los!

Da seit dem Pfingstfest der Geist Gottes auch in uns wohnt, dürfen wir ebenso gespannt darauf warten, was er uns persönlich im 21. Jahrhundert klarmacht. Gott beruft und beauftragt dich und mich, das Reich Gottes hier auf Erden zu bauen, in meiner Heimatstadt oder auch darüber hinaus.

Dieses „dich und mich" haben wir schon bei Petrus gesehen, als Jesus ihm den Auftrag gab, an den See zu gehen, um zu angeln (Matthäus 17). *„Die Münze, die du im Fischmaul findest, gib den Steuereintreibern für mich und für dich",* sagte Jesus zu ihm. Es zeigt die enge Beziehung zwischen Jesus und Petrus, die auch wir jetzt zu Jesus haben dürfen. Hier und heute.

Aus diesem engen Verhältnis zu Jesus heraus dürfen wir gespannt darauf warten, wie wir den Missionsbefehl ausführen können, welche Menschen er uns in den Weg stellt, um zu berichten, was er für uns getan hat und was er uns bedeutet. Sind wir dazu bereit?

Jesus sagte in Markus 11 einmal zu seinen Jüngern: *„Habt Glauben an Gott."* Glaubten die Jünger etwa nicht mehr an Gott? Das schon, doch wie oft hatten sie noch mit ihrem Kleinglauben zu kämpfen.

Das kennen wir ja auch: Wir glauben an Gott und leben mit Jesus, aber unsere Zweifel halten uns davon ab, Großes von ihm zu erbitten. „Mit dem Glauben an Gott, den ich meine", sagt Jesus, „könnt ihr das auch tun, was ich getan habe." Mit diesem Glauben kann man Berge versetzen. Damit können wir die Schwierigkeiten in unserem Leben überwinden. Durch die Kraft des Gebets ist es möglich, sie quasi im Meer zu ertränken. Das ist ein Bild, um deutlich zu machen: Bei Gott ist kein Ding unmöglich. *„Alle Dinge sind möglich, dem der da glaubt."* Deshalb sagt Jesus zu seinen Jüngern: *„Habt Glauben an Gott."* Und er versichert seinen Hörern: *„Wenn ihr glaubt, dass ihr das Erbetene schon empfangen habt, dann wird es euch* *werden"* (Markus 11,24). Er meint nicht: Es kann sein, dass wir es empfangen werden, oder: Wir werden es irgendwann empfangen. Das wäre ja auch schon ein großer Glaube. Aber hier geht es darum, dass man glaubt, es schon bekommen zu haben. Solcher Glaube sagt nicht: Gott wird können oder Gott vermag es, oder Gott muss … Solcher Glaube sagt: Gott hat es schon getan! Der Glaube ohne Zweifel wird hier betont.

Charles Haddon Spurgeon (1834–1892), der englische Baptistenprediger, sagte einmal Folgendes: „O Gott, du hast uns eine mächtige Waffe gegeben; aber wir haben sie verrosten lassen. Gott, du hast uns im Gebet eine Kraft gegeben, eine unvergleichbare Kraft und wir lassen sie ungenutzt. O Gott, du gabst der Sonne ihr Licht und sie leuchtet damit. Du gabst den Sternen ihren Schimmer und sie blinken. Du gabst dem Wind Stärke und er weht. Aber deinen Kindern hast du eine Gabe verliehen, die noch besser ist als all dies, doch lassen wir sie liegen. Sie haben fast vergessen, dass sie über eine solche Macht verfügen können und machen nur selten von ihr Gebrauch, obwohl dies für Tausende zum reichen Segen sein könnte." *„Habt Glauben an Gott."* Damit meint Jesus: Habt den Gebetsglauben, den „Ohne-Zweifel-Glauben", den Glauben daran, das Erbetene schon empfangen zu haben! Gott möchte unser Leben gestalten und unsere Bitten erhören. Wir dürfen Gott um Erneuerung unseres Glaubens bitten, auch wenn ein scheinbar unüberwindbarer Berg dazwischensteht. Wenn dieser Glaube in uns zur Entfaltung kommt, können wir viel besser unserer Berufung und unserem Auftrag nachkommen.

Wir merken, Gott redet zu uns, nicht auf unser Kommando hin, sondern wir spüren sein Reden und Wirken aus der innigen Beziehung zu ihm heraus. Oft ist das Reden Gottes an uns mit Aufträgen verbunden, aber nicht immer. Berufen, seine Diener und Dienerinnen zu sein, sind wir allemal. Wir sind zweifellos immer beauftragt, seinen Willen zu tun, den wir im Wort Gottes finden.

Wenn wir Gott um Aufträge bitten, die nur wir ausführen können, mit unserer eigens geschenkten Gabe zum Bau seines Reiches auf Erden, so versichere ich Ihnen: Gott wird an Ihrer Seite sein und Sie begleiten, bis sein Auftrag an uns erfüllt ist. Darlene Zschech hat ein wunderbares Lied („Herrlicher Gott") geschrieben und komponiert. Darin spricht sie von einem heiligen Ruf, mit dem sie berufen wurde, und erklärt Gott ihre Bereitschaft, diesem Ruf an sein Herz zu folgen, sich seiner Führung anzuvertrauen und sich von ihm formen zu lassen wie ein Gefäß in der Hand des Töpfers.

In diesem Bewusstsein kann und möchte Gott auch uns gebrauchen. Zum Segen für uns selbst, vor allem aber fur andere.

*„Herr, hilf mir, dein Reden zu mir klar zu
verstehen. Du hast mich berufen, von dir zu
zeugen, damit möglichst viele Menschen dich
kennenlernen. Das ist mein Auftrag, das habe
ich erkannt. Zeige mir, wie ich mein Leben mit
deinem guten Heiligen Geist gestalten kann.
Ich möchte, dass dein Wille in mir geschehe;
du hast noch etwas mit mir vor, und wenn du
einen speziellen Auftrag für mich hast, lass es
mich genau erkennen. Danke, dass ich es wert
bin, von dir beauftragt zu werden. Ich spüre
den Drang, dir zu dienen, das möchte ich tun,
solange du mich noch auf der Erde leben lässt.
Amen."*

Kapitel 7

Zum Dienen bereit

Wir sind als Gottes Kinder in dieser Welt berufen, ihm zu dienen und seine Aufträge wahrzunehmen. Gott spricht zu uns, besonders durch sein Wort, darüber hinaus auch durch andere Menschen, in Predigten, Liedern und Gebeten, vielleicht auch im Traum oder durch dieses Buch.

Gott hat zu mir in einer sonntäglichen Predigt besonders deutlich gesprochen. Das habe ich genau erkannt. Ich sollte mir eine bestimmte Handlungsweise abgewöhnen. Am Nachmittag dachte ich noch einmal über das von der Kanzel Gesagte nach. Eine ganze Menge hatte ich schon wieder vergessen. Wie kann ich eine Predigt in meinem Langzeitgedächtnis speichern? Eine Möglichkeit ist natürlich, mitzuschreiben, damit ich später nachlesen kann. Ich habe aber auch die Möglichkeit, über die Gemeinde-Homepage die Predigten nachzuhören. Davon mache ich häufig Gebrauch, wenn ich unterwegs war und den heimatlichen Gottesdienst nicht mitverfolgen konnte. An jenem Sonntagnachmittag habe ich im Gebet Gott einfach für sein Reden zu mir gedankt und ihn gebeten, mir zu helfen, das Gesagte in meinem Leben umzusetzen.

In meiner Zeit als Gemeindeältester hatte ich einen Auftrag von Gott erhalten, mit einem bestimmten Mann zu sprechen und ihm Mut zuzusprechen. Da ich diesen Drang ziemlich stark spürte, fiel es mir leicht, dieses Gespräch zu suchen. Es war ein gutes Miteinander, und ich hatte das Gefühl, ihm geholfen zu haben. Wir waren beide darüber glücklich.

Leider gibt es auch andere notwendige Gespräche, die schwierig sind, sich in endlosen Debatten ergießen und nicht so glücklich enden, wie man sich das vorgestellt hat. Aber trotzdem ist es wichtig, bereit zu sein, einen Versuch zu machen, damit ein gesegnetes Miteinander in der Kirche oder Gemeinde möglich bleibt.

Wenn ich nun kein Amt in der Gemeinde habe, bekomme ich dann trotzdem göttliche Aufträge? Selbstverständlich! Aufträge sind nicht an Ämter gebunden.

Es gibt Aufträge, die mit anderen Personen zusammenhängen oder die ich allein bewerkstellige. Wichtig ist, dass wir auf Gottes Stimme hören und handeln.

In meiner Selbstständigkeit als Kleinunternehmer bekam ich von meinen Kunden Aufträge. Ich bekam sie nicht um des Auftrags willen, sondern der Kunde erwartete von mir eine bestimmte Leistung und war bereit, dafür zu bezahlen. Da ich auf Aufträge angewiesen war, habe ich mich jedes Mal gefreut und war bemüht, den Kunden zufriedenzustellen. Er kam zu mir in der Hoffnung, einen kompetenten Handwerker gefunden zu haben, der seine Wünsche erfüllen konnte. So kommt Gott auch zu Ihnen, weil er Sie für fähig hält, seinen Auftrag auszuüben. Es soll Ihnen auch Freude bereiten, vielleicht sogar Spaß machen. Sie dürfen sicher sein, dass Gott Sie auch dafür belohnt, und nicht nur entlohnt.

Einmal rief mich ein Kunde an, der mich bat, mal vorbeikommen, denn er hätte etwas mit mir zu besprechen. Es war ein Juwelier und Goldschmied aus der Nachbarstadt, der von seiner Kirche den Auftrag erhalten hatte, ein Altarbuch zu gestalten. Es sollte im Einband mit kostbaren Edelsteinen besetzt, aufwändig gestaltet und in edelstem Oasenziegen-Leder gebunden werden. Ein „Hingucker" eben.

Die Kirche war bereit, beinahe jeden Preis dafür zu bezahlen. Für mich eine große Herausforderung, eine Arbeit, die viel Fingerspitzengefühl erforderte und nicht alltäglich war. Außerdem war meine ganze Handwerkskunst gefordert. Eigentlich eine schöne Sache, doch ich war unsicher, ob ich den Anforderungen gerecht werden konnte. Eine Absage hatte ich in meinen Überlegungen nicht ausgeschlossen, zumal der Auftrag recht zeitnah zu erfolgen hatte.

Geht es uns nicht auch oft so? Da spricht Gott zu uns, macht uns etwas deutlich, erwartet etwas von uns, und wir zögern mit der Ausübung des Auftrags und fragen uns: Bin ich überhaupt gut genug dafür? Können andere das nicht viel besser? Erst mal abwarten, vielleicht erledigt sich das irgendwann von selbst.

Den Auftrag des Goldschmieds habe ich schließlich angenommen, und alles gelang mir, mit Gottes Beistand.

Das Bibelwort aus Philipper 2,12-13 ist mir oft eine Hilfe gewesen: *„Ihr seid gerettet, das soll sich an eurem Leben zeigen. Deshalb lebt nun auch in Ehrfurcht vor Gott und in ganzer Hingabe an ihn. Er selbst bewirkt beides an euch: den guten Willen und die Kraft, ihn auch auszuführen."*

Gott hat Pläne in seiner geschaffenen Welt. Und um seine Pläne zur Entfaltung kommen zu lassen, sie auszuführen, gebraucht er Sie und mich.

Er könnte das zweifellos auch ohne uns. Aber er liebt uns und möchte, dass wir daran teilhaben. Er möchte nicht alles allein gestalten. Wir sollen dabei sein, er will, dass wir mithelfen, wenn sein Reich gebaut wird. Jesus hatte sich auch Jünger an seiner Seite erwählt. Gott möchte uns dabeihaben, wenn sein Wille geschehen soll. Das ist ein großer Auftrag, aber wir brauchen keine Angst zu haben, dass wir das nicht schaffen könnten. Gott bewirkt in uns, dass der gute Wille durch seine Kraft ausgeführt, ausgeübt werden kann. Wir müssen nur wollen.

Die Ausübung von Gottes Auftrag bereitet manchmal Probleme. Es ist nicht immer so einfach wie erst gedacht. Mir hilft es oft, wenn ich über die Größe Gottes nachdenke. Gott ist so groß und mächtig, und mit seinem Segen können wir mächtige Taten vollbringen. Darüber haben wir schon im vorigen Kapitel nachgedacht. Aber der Satan ist auf dem Posten und sät ständig Zweifel.

Das Volk Israel konnte in der Gefangenschaft in Babylon ein Lied davon singen. Jerusalem lag in Trümmern. Nun saßen die Israeliten als Flüchtlinge in einem fremden Land. Fremde Könige bestimmten nun die Geschichte des Gottesvolkes. Eine ganze Generation lang war das Volk im Exil. Und wo war Gott? Das Volk war dabei zu resignieren. Aber Jesaja schildert im 40. Kapitel seines Buches, wie sich das Ende der Gefangenschaft anbahnt. Der neue Exodus! Gott will sein Volk wieder aufrichten mit den Worten aus Vers 26: *„Blickt nach oben, schaut den Himmel an! Wer hat die unzähligen Sterne geschaffen? Er ist es, er ruft sie und sie kommen hervor; jeden nennt er mit seinem Namen. Kein einziger fehlt, wenn der starke und mächtige Gott sie ruft."*

Diesen Zuspruch brauchen wir auch, wenn wir Gottes Aufträge ausüben möchten, uns aber der Mut verlassen hat, warum auch immer.

Ich erinnere mich an einen lauen Augustabend. Ich stand auf der Terrasse und schaute in den Sternenhimmel und staunte über die Größe Gottes, als ich die vielen Sterne sah. Plötzlich huschte wie aus dem Nichts eine Sternschnuppe am Horizont entlang und war auch sofort wieder unsichtbar. Mein Erstaunen über Gottes Größe hatte einen neuen Höhepunkt erreicht, und ich war in diesem Moment sehr glücklich. Dieses Glücksgefühl steigerte sich noch einmal, als ich den Kopf senkte und in meinem Krüppelkiefergebüsch ein Glühwürmchen entdeckte. Gott ist wirklich groß!

Groß im Makrokosmos und auch groß im Mikrokosmos. In seiner Schöpfung steckt System.

Und genau das sollte das Volk Israel erkennen: „Schaut nach oben, hebt zur Höhe eure Augen … Gott ist nicht weit weg. Er ist da, er ist nah."

Für mich bedeuten diese Verse: Kopf hoch! Lass den Kopf nicht hängen, schau nach oben! Lauf nicht herum wie ein Miesepeter, sondern erfreue dich an der schönen Schöpfung Gottes und erkenne seine Größe. Wenn er schon jeden einzelnen Stern kennt und beim Namen nennt, wie viel mehr kennt er mich, der ich doch sein Kind sein und mit ihm leben darf.

Wenn man nach oben schaut, sieht man von sich selbst weg. Ich schaue auf Gott und auf das, was er geschaffen hat. Automatisch verändert sich meine Gefühlswelt, und ich staune und bin im Begriff, Gott zu loben. Aber Gott ist noch größer als seine Lichter am Himmel. Er möchte, dass wir unsere Blicke schärfen, indem wir auf seine Werke schauen und ihn loben.

Ein paar Verse weiter sollen wir wieder unseren Blick nach oben richten. Das Bild, das Jesaja gebraucht, ist das eines Adlers, der mit kräftigen Flügelschlägen hinauf in die Höhe fliegt.

Wer das Aufsteigen eines Adlers einmal beobachtet hat, erkennt die Kraft, die dieser Vogel besitzt, indem er mit Leichtigkeit seine großen Schwingen ausbreitet und sich von nichts und niemandem in seinem Flug aufhalten lässt. Er ist nun mal der König der Lüfte. Genau so werden die Juden im Exil nicht mehr aufgehalten und bald mit großer Kraft in ihr Land aufbrechen. Diese neue Kraft gewinnen auch wir, wenn die natürliche Kraft nicht ausreicht.

Neue Kraft durch Vertrauen ist der Spitzenreiter aus dem Angebot Gottes zur praktischen Lebensbewältigung. Vielleicht ist es diese Kraft, diese Power, die Gott als neues Element in uns schaffen möchte. Wir sollten den Spagat hinbekommen, Gottes Größe zu bestaunen und gleichzeitig im Alltag unsere Fenster für sein Wirken an uns zu öffnen. Wenn wir das schaffen, davon bin ich überzeugt, kommen wir tatsächlich an den Punkt, wo wir nicht mehr anders können, als Gott zu loben. Das ist auf vielfältige Weise möglich. Außerdem beflügelt uns diese Haltung bei der Ausübung unseres Dienstes, unseres Auftrages, den Gott uns gegeben hat.

Oft sind wir mutlos und träge geworden, verlagern unsere Aktivitäten auf den Sankt-Nimmerleins-Tag". Gott möchte das nicht und ist betrübt darüber. Er möchte uns vielmehr seine Kraft schenken. Diese gilt es zu entdecken. Vielleicht in mehreren Schritten. Zuallererst die Kraft, den Kopf wieder zu heben und nach oben zu schauen.

Ich denke an das alte Kinderlied: „Weißt du, wie viel Sternlein stehen …?" Der Liederdichter hatte sicherlich den Text aus Jesaja 40 vor Augen. In einer Strophe singt man am Schluss: „Er kennt auch dich und hat dich lieb."

Auch wenn es heute abgedroschen klingt, das Lied bringt es auf den Punkt. Ja, so ist es. Das ist die Wahrheit. Gott liebt mich. Und er liebt mich nicht mehr als Sie!

„Herr, du kennst mich durch und durch.
Du weißt alles über mich. Gerne möchte ich dir
dienen. Manchmal ist das aber so schwer.
Doch ich weiß auch, dass du mir nur so viel
aufbürdest, wie ich tragen kann.
Hilf mir bei der Ausübung der Aufgaben,
die ich von dir bekomme. Schenke mir,
dass deine Wünsche bis in mein Herz dringen.
Gebrauche mich zu deinem Wohlgefallen,
so lange du mich noch auf Erden lässt.
Amen.“

Kapitel 8

Ganzer Einsatz für Gott

Ein Langzeitarbeitsloser freut sich sehr, wenn er endlich wieder eine Arbeitsstelle gefunden hat und der neue Chef bereit ist, mit ihm zusammenzuarbeiten. Schließlich hat er jetzt eine Aussicht, sein Leben neu gestalten zu können, und das Gefühl der Perspektivlosigkeit verschwindet. Jetzt kann er neu durchstarten.

Viele Christen haben ebenfalls so ein Gefühl, nicht mehr gebraucht zu werden, wie der Arbeitslose das lange empfunden hat.

Die Aufgaben, z. B. in der Gemeinde, sind zwar vielfältig, aber man kommt dafür nicht infrage. Andere sind begabter, andere haben mehr Zeit, andere haben mehr Energie und sind sowieso besser als man selbst.

Mit dem einen oder anderen möchte man nicht so gern zusammenarbeiten. Die Frage ist meistens: Will ich überhaupt Aufgaben übernehmen? Bin ich dazu bereit, mit meinen Möglichkeiten Gemeinde zu gestalten, egal, wie und mit wem?

Ich kann auch ohne besondere Aufgaben Mitglied einer Kirchengemeinde sein. Ich kann natürlich immer andere arbeiten lassen. Schließlich habe ich meine Gründe.

Steht dieses Verhalten nicht aber im Widerspruch mit dem Wort des Apostels Paulus aus 1. Korinther 15,58? Dort sagt er: *„Meine Lieben, bleibt fest und unerschütterlich in eurem Glauben! Setzt euch für den Herrn <u>ganz</u> ein; denn ihr wisst, nichts ist vergeblich, was ihr für ihn tut."* Salomo hat in Prediger 5,11 einen ähnlichen Gedanken: *„Der Fleißige kann gut schlafen ...“*, oder in Sprüche 14,23: *„Bei jeder Mühe ist Gewinn, aber bloßes Gerede führt nur zum Mangel.“*

Wir merken, dass es Gottes Willen entspricht, für ihn zu arbeiten und sich nach Kräften für ihn einzusetzen. Das kann natürlich auch überörtlich geschehen. Haben wir als Christen nicht automatisch eine Anstellung in der Arbeit im Reich Gottes? Christus ist unser „Chef“. Sein Wort ist letztendlich gültig, ihm sind wir verantwortlich, auch uns gilt der Missionsbefehl. Unser Gebet sollte so formuliert sein: *„Herr, ich bin bereit, für dich zu arbeiten. Zeige mir ganz deutlich, wo und wie ich das tun kann.“*

Ich bin mir sicher, dieses Gebet wird nicht unbeantwortet bleiben. Wir dürfen wirklich gespannt darauf warten, was Gott mit uns vorhat. Das kann eine Aufgabe in Ihrer Gemeinde sein; es kann sein, dass Sie erst noch Verhaltensweisen ändern müssen, aber Gott wird Ihnen antworten. Vielleicht kommt auch eine gravierende Änderung in Ihrem Leben auf Sie zu. Gut möglich, dass Gott mit Ihnen einen besonderen Plan hat. In der Bibel finden wir Personen, mit denen Gott Großes vorhatte und ihnen seine Absichten mitteilte.

Im zweiten Buch Mose, Kapitel drei, erscheint Gott dem Mose in einem brennenden Dornbusch und offenbart sich ihm. Er erklärt ihm, dass er die Situation seines Volkes Israel genau kennt und ihn, Mose, auserwählt hat, sie zu ändern. Vers 10: *„Nun aber geh hin,* *denn ich will dich zum Pharao senden, damit du das Volk aus Ägypten herausführst.“* Mose hat Vorbehalte, die verständlich sind, ist es doch eine tonnenschwere Aufgabe, die auf ihn wartet. Wie reagiert Gott? *„Ich werde ja mit dir sein.“* Immer wieder hat Mose Ausreden, bis Gott es ihm durch Zeichen und Wunder, die geschehen sollen, so „schmackhaft“ macht, dass er schließlich einwilligt.

Am Ende seines Lebens zieht er dieses Fazit in seinem Lied: *„Gott ist ein Fels, auf ihn ist stets Verlass. Er hält, was er verspricht, er ist gerecht und treu“* (5. Mose 32,4).

Was wäre gewesen, wenn Mose sich geweigert hätte, Gottes Plan auszuführen?

Wahrscheinlich wäre er weiter Schafhirte seines Schwiegervaters Jitros geblieben, aber genau wissen wir das natürlich nicht. Doch eine „Anstellung“ bei Gott wäre ihm versagt geblieben. Eine „Anstellung“ kann ich auch als Sendung oder Beauftragung definieren. Vielleicht hat Gott auch mit Ihnen Großes vor. Vielleicht kommt es einer „Beförderung“ gleich. Auf jeden Fall kommen wir Gott näher, wenn wir einwilligen, und dazu möchte ich Mut machen. Im ersten Kapitel habe ich die enge Beziehung zu Gott schon beschrieben. Die möchte ich auf keinen Fall aufs Spiel setzen. Auch Mose hatte bei der Durchführung der Anweisungen Gottes immer wieder diesen engen Kontakt zu ihm. Manchmal so eng, dass man glauben könnte, er stände auf Augenhöhe mit ihm. Wenn Gott zu Ihnen spricht, und er tut das gerne, hören Sie zu und antworten Sie ihm mit Samuels Worten: *„Rede Herr, dein Knecht hört"* (1. Samuel 3,9).

Haben Sie vielleicht die Aufgabe, andere anzuleiten, ihnen eine „Anstellung" schmackhaft zu machen? Sind Sie dafür bestimmt? Gern möchte ich dazu Hilfestellung geben.

Ich möchte den „arbeitspädagogischen Tannenbaum" vorstellen. Am Anfang (unten) steht die *Information*, dann folgt die *Motivation*, darauf folgt die *Aktivität*, und an der Spitze steht der krönende *Erfolg*.

So sollen Auszubildende angeleitet werden, damit sie Freude am Beruf gewinnen und später Erfolg haben. Diese Reihenfolge muss unbedingt eingehalten werden, sonst sind Demotivation und Misserfolg auf Dauer vorprogrammiert. Auch in der Bibel finden wir dieses System – ansatzweise –, z. B. bei Philippus und Nathanael in Johannes 1. Dort sagt Philippus: *„Wir haben Jesus gefunden."* Das ist die *Information.* Nathanael ist irritiert, aber Philippus spricht zu ihm: *„Komm und sieh."* Das ist *motivierend.* Jetzt wird Nathanael *aktiv* und geht Jesus entgegen. Der *Erfolg* lässt nicht lange auf sich warten. Er hat eine einprägsame Begegnung mit Jesus, die sein Leben verändert. Ein zweites Beispiel finden wir in der Bekehrung des Saulus in Apostelgeschichte 9. Jesus informiert Saulus eindrucksvoll über seine Existenz. Die Information ist in eine Frage gepackt – *„Saul, Saul, was verfolgst du mich?"* – und verdeutlicht: *„Ich bin Jesus, den du verfolgst."* Jesus motiviert Saulus mit den Worten: *„Steh auf und geh nach Damaskus, dort wird dir gesagt werden, was du tun sollst."* Saulus wird aktiv, weil die Information und die Motivation ihn total überzeugen. Er wird ein Jünger des Herrn, lässt sich taufen und stellt sich in seinen Dienst – mit krönendem Erfolg.

Um Menschen für Christus zu gewinnen oder ihnen Aufträge zu übermitteln, sie im Reich Gottes „anzustellen", darf man nicht mit der Tür ins Haus fallen. Sehr behutsam muss man vorgehen, das weiß jeder Missionar. Daher ist dieses „Tannenbaum-Modell" eine gute Hilfe.

Wir kommen nicht umhin, bei dem Gedanken der Anstellung bzw. Sendung an unseren Herrn Jesus Christus zu denken. In Psalm 111,9 heißt es: *„Er (Gott) hat Erlösung gesandt seinem Volk."* Und in Johannes 3,17: *„Denn Gott hat seinen Sohn nicht in die Welt gesandt, dass er die Welt richte, sondern dass die*

Welt durch ihn errettet werde." Jesus hat sich von seinem Vater senden lassen, um Gottes Werk zu vollbringen. Jesus hat zu den Zielen seines Vaters „Ja" gesagt. Warum? Was war sein Gedanke dabei? Er sagt selbst *in Johannes 5,24: „Wer mein Wort hört und an den glaubt, der mich gesandt hat, der wird ewig leben. Ihn wird das Todesurteil Gottes nicht treffen. Denn er hat die Grenze vom Tod zum Leben schon überschritten.*"

„Die Ewigkeit ist jetzt", so titelt John Ortberg sein neues Buch. Wir dürfen den Himmel jetzt schon erleben und müssen nicht erst sterben. Jesus lädt uns ein zu einem erfüllten Leben, so Ortberg. Das sind Perspektiven der Liebe. Liebe war es, die Jesus motivierte, auf diese Erde zu kommen, den Willen des Vaters zu erfüllen und am Kreuz auf Golgatha für meine Sünden zu sterben. Dafür bin ich ihm von Herzen dankbar.

„Herr, danke für dein Sterben am Kreuz.
Danke, dass ich dein Kind sein darf und dass
du mich liebst. Das ist für mich unbegreifbar,
aber es ist so. Dir möchte ich dienen mit meiner
ganzen Kraft. Lass mich dein „Angestellter"
sein, der deine Gedanken ausführt,
und zeige mir, wie das am besten geht.
Du sollst durch mein Wirkungsvermögen geehrt
und verherrlicht werden, bis das Ziel erreicht
ist. Ich wünsche mir, dass ich noch viel für dich
arbeiten kann, solange ich noch auf der Erde
leben darf. Amen."

Kapitel 9

Ausgeglichenheit und Entspannung oder Frust und Enttäuschung?

In meinem Bücherregal befinden sich etliche Biografien namhafter Kirchenmänner und -frauen. Beim Lesen habe ich die Angewohnheit, sämtliche Passagen mit Kugelschreiber oder Bleistift am Rand mit einem senkrechten Strich zu markieren, die ich für besonders ausdrucksstark halte. Wenn meine Frau das bemerkt, äußert sie darüber ihren Unwillen, ist es doch für sie ein No-Go, in einem Buch „herumzukritzeln". „Mit meinen Büchern kann ich machen, was ich will", entgegne ich dann lakonisch.

Kürzlich nahm ich wieder so ein Nachschlagewerk zur Hand und blätterte darin und las die Stellen, die ich beim ersten Lesen angestrichen hatte. Es war eine Biografie über das Lebenswerk des evangelischen Theologen Ernst Modersohn (1870–1948). Ein Mann, dem es wichtig war, dass Menschen mit dem Evangelium erreicht und Kinder Gottes werden.

Ernst Krupka beschreibt in der Biografie, wie Ernst Modersohn gelebt und gewirkt hat. Er war ein im hohen Maße begnadeter Seelsorger mit Charisma. Drei Aussprüche von ihm möchte ich weitergeben:

„Wo das Wort Gottes fehlt,
kann man Lebenshilfen bieten,
aber Sünder werden nicht selig."

„Was wir nicht in Gottes Hand legen,
das beschlagnahmt der Teufel."

*„Der eigene Geist macht das Ich groß,
der Heilige Geist macht Jesus groß."*

Ernst Modersohn hatte den Auftrag, als Seelsorger den Menschen zu dienen und sie mit Jesus bekannt zu machen, damit sie gerettet werden.

Was ist Ihr Auftrag von Gott? Ein guter Mensch zu sein, der edel und hilfsbereit ist?

Ein Mensch, der diakonisch, humanitär tätig ist?

Ein Mensch, der sich in der Kommunalpolitik stark einbringt und so der Bevölkerung dient? Oder einer, der ganz unpolitisch lebt und in der Kirchengemeinde aktiv ist?

Mit Letzterem möchte ich mich etwas näher beschäftigen, wobei die anderen Aufträge nicht unterzubewerten sind.

Wir beschäftigen uns in unseren christlichen Gemeinden mit allerlei organisatorischen Dingen, die auch wichtig sind. Schwerpunkte sind neben der Gottesdienstgestaltung der Predigtdienst, die Musik und die Technik. Wir haben die unterschiedlichen Gruppen und Hauskreise im Blick und kümmern uns um Haus und Hof. Auch die Wirkung in der Öffentlichkeit ist uns ein Anliegen. Diakonie, Seelsorge und Evangelisation sind wesentlich. Mein Eindruck ist, dass dieser Bereich in vielen Gemeinden leider ein bisschen unterentwickelt ist.

Vielleicht finden Sie sich in einem dieser Aufgabenkreise wieder und gehen darin auf. Das ist sehr wertvoll, denn die Gemeinde braucht engagierte

Mitarbeiter, will sie denn ihrer Bestimmung nachkommen.

Mein Platz ist z. Zt. in der Gemeinschaft der Gläubigen am Ort. Der göttliche Auftrag dazu war mir bewusst. Aber ich bin nur ein Mensch, mit Stärken und Schwächen wie alle anderen auch. Darum braucht jeder biblische Ermunterung.

Jesaja 41,10 sagt: *„Fürchte dich nicht, denn ich bin bei dir; hab keine Angst, denn ich bin dein Gott! Ich mache dich stark, ich helfe dir, mit meiner siegreichen Hand beschütze ich dich."*

Diese Zusage Gottes dürfen wir für „bare Münze" nehmen. Dieser Zuspruch gilt jedem, gerade auch in schwierigen Situationen. Besonders in der Gemeindearbeit, die mit Licht und Schatten behaftet ist. Gott möchte sich in seinem Haus, in der Schar seiner Kinder, mächtig erweisen und mit uns kommunizieren.

Leider sind die Vorbereitungen auf einen Gottesdienst oder darüber hinaus oft mühsam, da unterschiedliche Meinungen aufeinandertreffen. Will ich mich durchboxen oder schließe ich einen Kompromiss? Will ich kraft meines Amtes mit der Faust auf den Tisch schlagen oder bin ich auf einen Konsens ausgerichtet? Das Bibelwort aus Jesaja 41 spricht ja nicht nur zu mir, sondern auch zu dem anderen, der mir gegenübersitzt und eine gegenteilige Meinung vertritt. Das Helfen Gottes mit seiner siegreichen Hand spricht zu uns allen, deshalb sollen wir einander lieben und uns gegenseitig annehmen.

„Ein neues Gebot gebe ich euch,
dass ihr einander liebt, damit,
wie ich euch geliebt habe, auch ihr einander
liebt. Daran werden alle erkennen,
dass ihr meine Jünger seid,
wenn ihr Liebe untereinander habt."
(Johannes 13,34.35)

Aus meiner langjährigen Erfahrung als Gemeindemitarbeiter kann ich behaupten, dass das Beherzigen dieser Bibelverse vor Frust und Enttäuschung bewahren kann und zu Ausgeglichenheit und Entspannung führt, was der Wille Gottes für uns ist.

Manchmal habe ich mir die Frage gestellt, warum manche Mitarbeiter plötzlich von Gott abberufen werden, auch wenn sie noch gar nicht so alt waren und Lücken in der Gemeinde hinterlassen haben. Was ist, wenn ich jetzt an der Reihe bin, obwohl ich mit Aufgaben beschäftigt bin, die noch nicht vollendet sind? Im nächsten Kapitel werde ich näher darauf eingehen. Nur so viel: Gott handelt immer souverän. Seine Gedanken sind nicht unsere Gedanken.

Nachfolgend einige Erlebnisse, die mir zeigten, dass er mit mir noch etwas vorhatte.

Als ich jung verheiratet war, war ich begeisterter Sporttaucher. Glücklicherweise hatte ich einen Freund, der dieses Hobby mit mir teilte, denn aus Sicherheitsgründen, damit man sich im Notfall gegenseitig helfen kann, sollte man niemals alleine tauchen!

Eines Tages verabredeten wir uns mit den Frauen und Kindern, an einen schönen See zu fahren, um dort einen gemütlichen Tag zu verbringen. Günter, mein Tauchpartner, hatte schon etwas mehr Erfahrung, und ich konnte von ihm lernen. Wir stiegen mit voller Ausrüstung ins Wasser, während die Frauen uns hinterherschauten und andere Badegäste auch.

Nach unserem Tauchgang schwammen wir in der Mitte des Sees an der Oberfläche, um langsam wieder zum Ufer zurückzukehren. Plötzlich bekam Günter einen Krampf im Oberschenkel und war in Schwierigkeiten. Ich übernahm als Tauchpartner seinen Bleigürtel, damit dieser ihn nicht nach unten zog. Jetzt hatte ich das doppelte Gewicht an meinem Neoprenanzug und strampelte gewaltig, um nicht unterzugehen. Das ging eine Weile gut, doch bald merkte ich, dass meine Kräfte nachließen. Schließlich ließ ich den Gurt – eigentlich viel zu spät – fallen und strampelte mit letzter Kraft Richtung Ufer. Ich war am Ende, und mir wurde schlecht.

Ich schickte ein Stoßgebet in den Himmel. Würde ich jetzt ertrinken? Von Günter keine Spur, er war mit sich selbst beschäftigt. Ich weiß nicht mehr, wie, aber ich konnte tatsächlich noch an Land schwimmen. Auf der Wiese angekommen habe ich mich mit voller Montur auf den Rücken gelegt und nur noch gejapst. Nach einer viertel Stunde etwa ging es mir besser. Günter hatte es auch geschafft.

Dieses Gefühl, es vielleicht nicht zu schaffen und zu ertrinken, wünsche ich keinem Menschen. Gott war gnädig, hatte mein Gestammel im Wasser gehört und mir geholfen. Ich sollte noch nicht sterben, Gott hatte anscheinend noch einiges mit mir vor.

Eines Tages fuhr ich mit einem Kombi voller Bücher zu einer Bibliothek ins Bergische Land. Die Autobahn war frei, und ich hatte eine angenehme Fahrt. Dann näherte ich mich einem Autobahndreieck, als plötzlich von rechts ein Wagen auf mich zukam und sogleich auf die ganz linke Spur wechseln wollte. Ich hatte schon Platz gemacht, und er hätte auf der mittleren Spur bleiben können. Das tat er aber nicht und bedrängte mich dermaßen, dass mir nur zwei Möglichkeiten blieben: stark abzubremsen oder mit Vollgas noch vorbeizuziehen. Ich dachte in diesem kurzem Moment an meine Ladung und gab Gas. Der rücksichtslose Fahrer war schon auf gleicher Höhe mit mir, sodass mir keine andere Wahl blieb, als über den Grünstreifen bei hoher Geschwindigkeit links an ihm vorbeizufahren. Das gelang, unter viel „Geruckel" schaffte ich es, diese missliche Situation zu meistern. Ich war sehr wütend auf diesen verrückten Autofahrer, aber auch dankbar, dass Gott es wieder sehr gut mit mir meinte.

Nach ca. vier Wochen befuhr ich die gleiche Strecke erneut und dachte natürlich an diesen Beinaheunfall, der schlimm hätte ausgehen können. Als ich an der besagten Stelle vorbeifuhr, stellte ich zu meiner Verwunderung fest, dass es dort gar keinen Grünstreifen gab, sondern die Leitplanke direkt am Fahrbahnrand verlief. War das alles ein Spuk gewesen? Nein, Gott hatte mir durch ein Wunder das Leben gerettet! Ich sollte nicht verunglücken und auch noch nicht sterben. Gott ist ein Gott voller Liebe und Gnade. Er hatte noch etwas mit mir vor.

Ich war so dankbar und nahm mir im Herzen vor, Gott treu zu dienen, wo er mich auch hinstellt. Können Sie das nachempfinden?

Es ist etwa fünf Jahre her, da besuchte ich einen Kunden und lieferte Waren ab. Durch Gabelstapler und Paletten hindurch bahnte ich mir in der großen Werkhalle einen Weg zum Wareneingang. Nachdem ich die von unserer Firma gefertigten Produkte abgeliefert hatte, machte ich mich auf den Rückweg durch die Halle zum Fahrzeug. Plötzlich sah ich aus dem Augenwinkel irgendetwas Großes von oben auf mich zufallen, sodass ich instinktiv stoppte. Nur wenige Zentimeter vor mir schlug eine mächtige, tonnenschwere Folienrolle auf den Boden auf. Hätte sie mich getroffen, wäre ich wohl nicht mehr am Leben. Die schwere Rolle hätte mich beinahe erschlagen. Die Arbeiter in der Halle erschraken gewaltig und schrien sich gegenseitig an. Wie konnte das passieren? Es war wohl eine Verkettung unglücklicher Umstände, und der Lagerleiter hat sich dann tausendmal bei mir entschuldigt. Ich habe es dabei bewenden lassen und bin mit großem Schrecken zügig davongefahren, ich wollte nur noch weg. Nach zwei

Kilometern hielt ich an und dankte meinem Gott für die Bewahrung.

Sicher geht es vielen im Straßenverkehr so, dass Beinaheunfälle passieren und man noch mit dem Schrecken davonkommt. Selbst bei einem Unfall erleben viele Christen des Herrn Beistand. Gottes Handeln ist immer heilig und souverän, selbst wenn wir es nicht verstehen.

Aber das sind auch Momente, die große Dankbarkeit und Freude auslösen. Freude durch das Erleben des Eingreifens Gottes in bestimmten Situationen. Augustinus, einer der einflussreichsten Theologen der christlichen Spätantike, sagte einmal: „Die Welt ist voller Wunder. Und sie selbst ist das größte Wunder." In der ganzen Bibel wird uns berichtet, wie Menschen auf wundersame Weise gerettet wurden. Gott erklärte seinem treuen Knecht Abraham einmal, dass ihm alles möglich sei. Viele Menschen heutzutage meinen, wenn tatsächlich noch Wunder geschehen würden, dann würde uns der Glaube an Gott leichter fallen. Aber passiert das denn nicht?

Gottes Wunder sind nicht planbar. Das größte Wunder aber ist, dass Gott mit uns redet und unsere Sünde vergeben ist, wenn wir sie bekannt haben. Das Wunder in Person ist Jesus Christus selbst und darin eingeschlossen das Wunder seiner Menschwerdung und das Zentralwunder seiner Auferstehung. Aber das steht nicht in der Zeitung.

Während ich diese Zeilen schrieb, klingelte mein Telefon. Die Nachricht kam, dass ein sehr kranker

Bruder aus der Gemeinde das Krankenhaus wieder halbwegs gesund verlassen konnte, und die Ehefrau bedankte sich für alle Gebete. Auch ein Wunder Gottes!

Jesus hat viele Menschen geheilt, die sterbenskrank waren. Besonders eindrucksvoll ist die Geschichte des Kranken am Teich Betesda, der gelähmt einfach nur dort lag und jeden Tag darauf wartete, dass ihm irgendwie geholfen wurde. Aber für ihn gab es keine Hilfe. Er war schon 38 Jahre lang hilflos. Als Jesus ihn sah, erbarmte er sich seiner und veränderte das Leben dieses gelähmten Mannes (Johannes 5). Sollte Gott nicht auch in Ihrem Leben ein Wunder tun? Er kann auch Sie aus Ihrem unglücklichen und belastenden Zustand befreien! So wie Jesus damals den Kranken in Betesda ansah, sagt er auch zu uns: „Sieh mich an! Dort am Kreuz trug ich deine Schuld. Wenn du zu mir kommst, dann vergebe ich dir deine Sünden und die Hölle wird für dich ein Fremdwort bleiben. Ich stoße dich nicht zurück, sondern ich nehme dich an, so wie du bist. Du brauchst dich nicht selbst zu ändern. Du bist dann mein Kind. Was hast du zu verlieren? Du wirst viel gewinnen!"

Ich wünsche mir sehr, dass wir alle zu Ausgeglichenheit, Entspannung und echter Freude in Jesus Christus kommen und so unser Leben gestalten. Ich wünsche mir, dass wir unser Christsein bekennen, dann ist echte Freude garantiert. Denn Gott möchte mit uns etwas anfangen. Meinem Nachbarn Gutes zu tun, der so ein netter Kerl ist, fällt leicht, aber meinem

Nächsten, der ein Alkoholiker, ein Nazi, ein Punker oder ein Griesgram ist und vielleicht der unfreundlichste Mensch auf Erden, fällt schwer. Solchen Menschen aber Güte und Liebe entgegenzubringen fällt sehr viel leichter, wenn die Freude am Herrn unser Leben bestimmt und unsere Stärke ist.

„Herr, lass mich von den Kirchenvätern lernen,
die dir voll und ganz vertrauten.
Du möchtest dich auch in meinem Leben
mächtig erweisen. Danke, dass du mich so oft
schon auf wunderbare Weise vor Schäden
bewahrt hast. Hilf mir, dass ich es zulasse,
dass du dich auch in meinem Leben wunderbar
erweist. Das wird mich davor bewahren,
mich in Frust und Enttäuschungen zu verlieren. Durch das Leben mit dir darf ich zu Ausgeglichenheit und Entspannung kommen,
denn so kannst du mich wirkungsvoll für
deinen Dienst gebrauchen, bis mein Leben hier
auf Erden beendet ist. Amen."

Kapitel 10

Ein langes, gutes Leben?!

„Der König ist tot, lang lebe der König!" Eine Heroldsformel, mit der in Frankreich der Tod des alten Königs bekannt gegeben und gleichzeitig der neue ausgerufen wurde. Bis heute wird die deutsche Übersetzung des Zitats als Redewendung gebraucht, um ungebrochene Kontinuität auszudrücken (Wikipedia).

Auch in der Bibel finden wir eine ähnliche Formel, die Ehrerbietung und Höflichkeit zur Schau stellt. Davids Leute sagten zu Nabal: *Ich wünsche dir und deiner Familie Glück und ein langes Leben! Mögen deine Herden immer größer werden"* (1. Samuel 25,6).

Aber liegt es in meiner Macht, ein langes Leben zu haben? Wünschen darf ich es mir und anderen allemal.

Im Magazin einer christlichen Missionsgesellschaft las ich den Artikel eines Missionars mit der Überschrift:

„Ich werde nicht sterben,
sondern leben und
des Herrn Werke verkündigen."

Er berichtete, dass er schon als Teenager deutlich gespürt habe, dass Gott ihm ein Herz für Menschen und ihre geistliche Not gegeben hat. Dieses Anliegen hat Gott immer wieder bestätigt. Dann wurde er lebensbedrohlich krank. Der Chefarzt der Klinik machte der Ehefrau klar, dass sie damit rechnen müsse, dass ihr Mann sterben würde. Ein Freund der Familie bekam von Gott einen Hinweis auf die Situation und besuchte den kranken Missionar und betete für ihn mit den Worten aus Psalm 91,7: *„Wenn auch tausend fallen zu deiner Seite und zehntausend zu deiner Rechten, so wird es doch nicht dich treffen."* Und aus Psalm 118,17: *„Ich werde nicht sterben, sondern leben und des Herrn Werke verkündigen."* Er wurde wieder gesund.

Anfangs habe ich König Hiskia erwähnt, der todkrank wurde und sterben sollte. Gott hatte seinen Propheten Jesaja zu ihm geschickt, um ihm diese Hiobsbotschaft zu verkündigen: *„Bestelle dein Haus, denn du wirst sterben und nicht am Leben bleiben!"* (Jesaja 38,1). Wie viele Ärzte kontaktieren ihre Patienten oder deren Angehörige mit ähnlichen Aussagen, weil es keine Hoffnung mehr auf Genesung gibt! Das ist Alltag in allen Kliniken. So ist das Leben. So ist das Sterben. So ist es oft, aber nicht immer. Gott bestimmt den Anfang und das Ende. – Wie reagiert Hiskia auf Jesajas Ankündigung, dass er bald sterben werde? Er konsultiert nicht in erster Linie die besten Ärzte des Landes, denn er weiß, Gott hat gesprochen, und da kann auch der beste Mediziner nicht mehr helfen. Er liegt im Bett, wendet sein Gesicht zur Wand, betet zu dem Herrn und weint sehr. Er erzählt Gott, dass er doch daran denken solle, wie er in Treue und mit ungeteiltem Herzen gelebt und dass er getan habe, was in Gottes Augen gut war. Gott ist von Hiskias Reaktion so gerührt, dass er ihn wieder gesund macht und ihm noch fünfzehn weitere Lebensjahre schenkt. Damit sich Hiskia der Zusage Gottes durch Jesaja sicher sein kann, gibt er ihm ein Zeichen. Der Schatten der Sonnenuhr soll um zehn Stufen zurückgehen, das ist eigentlich unmöglich. Es geschieht aber so. Hiskia ist sich jetzt sicher, dass Gott ihn am Leben lässt.

Bei Gott ist kein Ding unmöglich. Ich lerne aus dieser biblischen Geschichte, dass man nichts unversucht lassen sollte, Gott um ein langes bzw. längeres Leben zu bitten. Gott sieht meine vergossenen Tränen und ist in der Lage zu helfen und zu heilen. Hätte Gott Hiskia auch geheilt und ihm noch viele Jahre geschenkt, wenn er ihm nicht so treu gedient hätte? Ich weiß es nicht, wage es aber zu bezweifeln.

In meiner Einleitung stellte ich die Fragen: „Was wäre, wenn Gott mich jetzt zu sich riefe? Bin ich bereit, ihm entgegenzutreten?" Oder kann ich gar mein Sterben irgendwie hinauszögern? Wir wollen doch alle lange leben, oder etwa nicht?

Zunächst muss jeder die Frage nach der Bereitschaft für sich beantworten. Da kann ich nur für mich sprechen. Ich bin bereit, mich Gottes Willen zu beugen, und habe keine Angst davor. Schließlich weiß ich, was mich erwartet, werde ich doch Gott sehen und vor Jesus stehen. Trotzdem möchte ich gern noch länger leben, mit meiner Familie zusammen sein und am Leben mit allem, was es mit sich bringt, weiterhin teilnehmen.

Ich stehe mitten im Leben, auch wenn ich jetzt schon im Ruhestand bin und meine berufliche Tätigkeit abgelegt habe. Ehemann zu sein, Vater und Opa – es lohnt sich sehr, sich darauf weiter zu freuen.

Gott hat mir Aufgaben gegeben, die noch nicht erledigt sind. Ich hoffe, wünsche und glaube auch, dass ich daran noch weiter, möglichst bis zur Vollendung, arbeiten darf.

> *„Ihr Kinder, gehorcht euren Eltern im Herrn,*
> *denn das ist recht. ‚Ehre deinen Vater*
> *und deine Mutter' – das ist das erste Gebot*
> *mit Verheißung – ‚auf dass es dir wohl gehe und*
> *du lange lebst auf der Erde'"*
> (Epheser 6,1-3)

Heißt das nun, wenn ich dieses Gebot befolge, dass ich mich auf ein langes Leben freuen kann?

Dieses Gebot, welches wir im Ursprung in 2. Mose 20,12 finden, wird von Paulus im Epheserbrief aufgegriffen. Die Bibelausleger vertreten unterschiedliche Sichtweisen:

> *„Wohlstand, langes Leben und Landbesitz*
> *lassen sich nicht bruchlos auf den Neuen Bund*
> *übertragen. Die Verheißung wird bewusst im*
> *atl. Zusammenhang belassen. So wie Reichtum und*
> *langes Leben Inbegriff des atl. Segens sind, beruht*
> *der vielfältige geistliche Segen für die Glaubenden*
> *in Jesus Christus als der einzigartigen Gabe."* [5]

---

5 Wuppertaler Studienbibel; Eberhard Hahn, Epheserbrief

Fritz Rienecker erklärt in seiner Auslegung zum Epheserbrief:

> *„Der diesseitige Charakter, der den alttestamentlichen Verheißungen anhaftet, stellt die Verheißungen in ihrer Wahrheit nicht etwa für uns infrage. Aber der Blick des NT ist erweitert, er hat die Verheißung des ewigen Lebens."*[6]

Infolgedessen befürwortet Rienecker den Standpunkt, „dass diese Segensverheißung des vierten Gebotes auch für das irdische Familien- und Volksleben gelte. Man solle die Verheißung nicht einseitig umdeuten auf das Erbe des ewigen ,Kanaans'. Denn die Beachtung des Gebotes hat doch Heil und Segen für das zeitliche Leben zur Folge (1.Timotheus 4,8)." Gottes Segen wirke sich demnach auf die getreue Befolgung des vierten Gebotes, im Beruf und in der Familie aus.[7]

Vielleicht lässt sich abschließend zumindest so viel sagen: „Willst du ein langes Leben? Ehre deine Eltern. Warum? Weil Gott dich unter ihre Autorität und Führung stellte und weil deine Einstellung zu deinen Eltern deine Einstellung zu Gott wiederspiegelt. Obwohl diese Belohnung nicht universell zu verstehen ist – und obwohl sie nicht andere Entscheidungen aufhebt – ist sie dennoch generell zutreffend. Wenn

---

6 Wuppertaler Studienbibel, Epheser bis Philemon, Verlag R. Brockhaus, Wuppertal und Zürich, 1989, S. 220
7 Ebd., S. 221

du lange leben willst, ehre die, die dir überhaupt erst das Leben geschenkt haben."[8]

Gott segnet Menschen, die ihm völlig vertrauen und ihr Leben auf ihn ausrichten. Viele erleben diesen Segen durch ein hohes Alter. Ich denke an meine Mutter, die genau so lebte und fast 100 Jahre alt wurde und schließlich in tiefem Frieden entschlafen durfte.

Aber wir erkennen auch, dass Gott oft anders handelt und relativ junge Menschen, von denen wir den Eindruck hatten, dass sie in ihrem Leben Gott ehren, früh zu sich ruft. Oder wir vergleichen Menschen, die Gott nicht als ihren persönlichen Herrn kennen und gesund und zufrieden ein hohes Alter genießen (Psalm 42 u. a.), mit den Christen, die nicht so alt werden. Rienecker schreibt dazu: „In solchen Fällen gilt es, fest zu glauben, dass Gottes Gedanken nicht Gedanken des Leides, sondern Gedanken des Friedens sind und dass seine Wege höher sind als unsere Wege (Jesaja 55,8)."[9]

„Wir wissen aber, dass denen, die Gott lieben, alle Dinge zum Besten dienen." (Römer 8,28)

Durch gesundheitsfördernde Lebensmittel, die ich täglich zu mir nehme, sowie durch viel Bewegung und Sport kann ich auf natürliche Weise mein Leben

---

8 Quelle: https://www.gotquestions.org/Deutsch/langes-leben.html

9 Wuppertaler Studienbibel, a. a. O., S. 221.

verlängern. Das sagt mir jeder Mediziner. Wenn ich nicht rauche und mäßig oder gar keinen Alkohol trinke, wirkt sich das sehr positiv auf mein Wohlbefinden aus. Auch das sind lebensverlängernde Maßnahmen.

Wenn ich risikolos Auto fahre und keinen Extremsport betreibe, wird sich das ebenso auswirken. Auf diese Weise kann ich dazu beisteuern, mir ein langes Leben auf Erden zu ermöglichen. So wird es in den Medien fast täglich propagiert und ein vernünftiger Lebensstil als *das* Allheilmittel für ein langes Leben verkündet.

Als Christen wissen wir aber, dass das nicht alles ist. Trotz guter Vorsätze und Maßnahmen kann Gott ein Leben „vorzeitig" beenden. Dann stehe ich vor meinem Schöpfer, und das „Buch des Lebens"[10] wird aufgeschlagen. Wenn mein Name darin zu finden ist, darf ich eingehen in die ewige Herrlichkeit Gottes.

Die andere Seite möchte ich auch noch ergänzen. Gott hat einen Plan mit mir, und er setzt Anfang und Ende fest. Wenn ich mich aber von meinen guten Vorsätzen abwende und nur noch meinem Genuss fröne, trage ich u. U. zu einem vorzeitigen Ende meines Lebens bei, selbst wenn Gott es eigentlich anders vorhatte (Hesekiel 33,11; Philipper 3,19).

Psalm 91 beschreibt, wie es demjenigen geht, der sich in allen Lebenslagen auf Gott stützt. Gott sendet seine Engel aus, damit sie ihn schützten, wohin

---

10 Siehe dazu die näheren Erläuterungen im Anhang.

er auch geht. Im letzten Vers steht: „*Bei mir findet er die Hilfe, die er braucht; ich gebe ihm ein erfülltes und langes Leben.*"

Wir dürfen wissen und glauben, dass Gott mit uns keine Fehler macht. Seine Verheißung auf ein langes Leben darf ich persönlich wörtlich nehmen, vorausgesetzt, ich ehre meinen Vater und meine Mutter, bin für sie da und helfe ihnen, wenn sie es kräftemäßig nicht mehr schaffen. Ebenso darf ich das Wort aus Psalm 91 wörtlich nehmen und damit Gottvertrauen zeigen.

Warum Gott trotzdem manchem nur ein kurzes Leben schenkt, ist das sein Geheimnis. Solch ein Geheimnis zu ergründen verbietet sich uns, es sei denn, es wird von Gott offenbart (Daniel 2,28).

Immer wieder erleben wir, wie Menschen, die uns nahestehen, schwer erkranken und um Gebetsunterstützung bitten. Wir beten gern und anhaltend. Manch böser Tumor ist so schon zum Wachstumsstillstand gekommen oder verschwunden, und Gott hat ein langes Leben ermöglicht und geschenkt. „*Viel vermag das Gebet des Gerechten in seiner Wirkung*" (Jakobus 5,16). Daran glaube ich fest und sehe im Gebet für Kranke die Möglichkeit, echte Gemeinschaft der Gläubigen und echte Liebe zum Bruder und zur Schwester zu praktizieren. Welch ein Schatz ist das, den wir als Kinder Gottes besitzen und verwalten dürfen!

Aber wahr ist auch: Ein kurzes, aber erfülltes Leben in ganzer Hingabe an Gott ist wertvoller, als ein langes Leben zu haben und dann gottlos zu sterben. Für die Angehörigen ist es sehr traurig, wenn ein Verwandter als Christ vermeintlich zu früh stirbt, für den Betroffenen aber ein Segen, denn er ist dann am Ziel.

Der Mensch, der mit Gott gelebt hat, hat wirklich gelebt. Sein Leben war sinnvoll, auch wenn er früh gestorben ist. Ich wiederhole: Ein kurzes Leben mit Gott währt im Grunde länger, als gottlos im hohen Alter zu sterben. Wenn jemand das wirkliche Leben mit Jesus verpasst hat, weil er es so wollte, dann hat ihm auch ein langes Leben hier auf der Erde letztlich nichts eingebracht.

Gott handelt immer souverän. Er steht zu seinem Wort und zu seinen Zusagen, das ist gewiss. Das müssen wir immer stehenlassen und nicht daran zweifeln. Auch wenn unverständliche Dinge im eigenen Leben oder im Leben von Mitmenschen geschehen, wissen wir, dass letztlich Gott dahintersteht und souverän handelt.

Wir haben festgestellt, dass Gott an seine Kinder Aufträge vergibt. Sei es der Missionsbefehl, Menschen den Glauben an Gott nahezubringen oder spezielle Aufträge, Wünsche oder gar Befehle, die er von uns ausgeführt haben möchte. Wenn wir Gottes Stimme wahrnehmen und hören, was er uns sagt und deutlich macht, und wir ihm folgen, dann gebraucht er uns, seinen Plan in dieser Welt zu verwirklichen.

Abraham bekam den Auftrag, in ein fremdes Land zu gehen. Gott versprach ihm, ihn zu einem großen Volk zu machen und ihn zu segnen.

Zu Mose sprach Gott aus einem brennenden Dornbusch. Er bekam die Weisung, das Volk Israel aus Ägypten zu führen.

Josua durfte das Volk ins verheißene Land Kanaan führen, und Gott sprach zu ihm: *„So wie ich mit Mose gewesen bin, werde ich auch mit dir sein. Sei stark und mutig."*

Zu Saulus sprach der Herr: *„Geh nach Damaskus und es wird dir gesagt werden, was du tun sollst."* Später rief Gott ihn im Traum nach Mazedonien. Er sollte dort das Evangelium verkündigen.

Das sind nur kurze biblische Beispiele von Menschen, die Gott gebrauchte, um seine Absichten zu verwirklichen. Und er hat das mit diesen Menschen geschafft. Die Bibel ist voll von Begebenheiten, wo Gott Anweisungen gibt und bestimmte Leute sie ausführen. Manche zögern zunächst, aber Gott spricht ihnen Mut zu und sagt ihnen auch seine Nähe zu.

Gott hat diese Menschen begleitet und ihnen Kraft und Stärke verliehen, bis der Auftrag ausgeführt war. Bei einigen war es ein Auftrag, der sie das ganze Leben begleitete, manche erhielten nach der Abwicklung neue Anweisungen. Und währenddessen, also bei der Ausführung, war Gott an ihrer Seite bis zur Erfüllung des Auftrags. Er erwartete, dass der Empfänger seiner Anweisungen ihm treu diente.

Gott hat es sich in keinem Fall anders überlegt, seinen Boten abzuberufen und ihn sterben zu lassen. Selbst der Prophet Jona, der sich standhaft widersetzte, Gottes Befehl auszuführen, erhielt eine zweite

Chance und nutzte sie. Daraus können wir schließen, dass, wenn Gott mit uns etwas vorhat, wir auch weiterleben werden, und dass das, was Gott mit uns erreichen will, Wirklichkeit wird, wenn wir bereit sind, ihm treu zu dienen. Nach „getaner Arbeit" sollten wir Gott fragen, ob er einen neuen Auftrag für uns hat.

Aber am Beispiel Bileams sehen wir auch, dass das Reden Gottes nicht immer den Geist des Menschen erreicht. Eigene Wege, Geltungssucht und Geldliebe dienen nicht den Absichten Gottes und können sogar ins Verderben führen.

In meiner Zeit als Arbeitgeber bekamen meine Leute klare Anweisungen, die sie ausführen sollten. Ich hatte mir vorher genau überlegt, wem ich welche Aufträge gab, und jeder musste in der Regel bis zum Schluss daran arbeiten. Dann ging es anderweitig weiter. Das wiederholte sich jeden Tag. Bis auf wenige Ausnahmen sah ich keinen Anlass, meine Anweisungen zu korrigieren oder gar zurückzunehmen. Der Arbeitnehmer wusste, was er zu tun hatte, und konnte mit Freude (oder auch nicht) seine Arbeit ausführen. So habe ich das erwartet und war mit dem Ergebnis meistens zufrieden.

Gott gibt uns auch Aufträge und erwartet, dass wir sie erfüllen. Wir dürfen auf ein Gelingen hoffen, wenn wir in seinem Dienst stehen und darum bitten, so lange auf Erden bleiben zu dürfen, bis Gottes Wille durch uns vollbracht ist. Diese Spannung gilt es auszuhalten bis zum Ende, wenn wir dann von unserer Arbeit und Mühe müde werden und uns noch sehnlicher auf die

Ewigkeit freuen. Aber bis dahin ist vielleicht noch etwas Zeit. Zeit, die ich mit Gott verbringen darf und die sich in meinem Leben als Christ ganz praktisch zeigt. Folgendes Beispiel mag das ein wenig verdeutlichen:

Nach dem Gottesdienst am Sonntagmorgen stehen Janina, Sebastian, Stefan, Linda und Lothar noch am Stehtisch und unterhalten sich bei Kaffee, Tee und Gebäck. Zunächst ist die gerade gehörte Predigt das Thema. Dann geht die Unterhaltung allmählich in den Austausch über alltägliche, allgemeine Dinge über. Nach gut zwanzig Minuten verabschiedet sich Linda, um noch kurz etwas mit Anne zu besprechen. Langsam löst sich die Gruppe auf, weil dann doch einige nach Hause gehen wollen. „Bis zum nächsten Sonntag, so Gott will", ruft Sebastian. „Gott will", entgegnet Lothar, „ich bin da." Plötzlich stehen doch alle wieder zusammen. „Wie kannst du wissen, ob du morgen noch lebst?", entgegnet Janina. „Es kann doch sein, dass du morgen, ja, vielleicht schon heute Mittag plötzlich sterbenskrank wirst oder einen Unfall erleidest und stirbst." Jetzt warten alle gespannt auf Lothars Antwort. Er spricht konzentriert und klar verständlich und unterstreicht in seinem Statement die Souveränität Gottes: „Gott ist aber kein Monster, sondern der Schöpfer und Erhalter des Lebens. Gott ist Liebe. Er hat mir einen klaren Auftrag erteilt, der bis zum nächsten Sonntag noch nicht ausgeführt sein wird. Von daher bin ich, wenn mich nicht andere Umstände davon abhalten, wieder hier bei euch im

Gottesdienst. Da bin ich mir sicher!" „Aha", entgegnet Stefan, und nachdenklich gehen dann alle ihrer Wege.

David konnte in Psalm 21,4-5 folgendes Resümee ziehen: *„Mit Glück und Segen hast du mich überschüttet und mir eine Krone aufs Haupt gesetzt. Ich bat dich um langes Leben und du gewährtest mir unendlich reiche Jahre."*

Salomo gibt uns in Sprüche 3,1-4 folgenden Rat mit: *„Mein Sohn (meine Tochter), vergiss nie, was ich dir beigebracht habe! Nimm dir meine Ratschläge zu Herzen und bewahre sie! Dann wird es dir gut gehen, ein langes und erfülltes Leben liegt vor dir. Sei gütig und treu, werde nicht nachlässig, sondern sporne dich immer wieder an! So wirst du Freundschaft und Ansehen bei Gott und Menschen finden."*

Darf ich mir diese alttestamentlichen Texte zu eigen machen? Kann ich sie auch auf mich beziehen? *„Denn die <u>ganze</u> Heilige Schrift ist von Gottes Geist eingegeben. Sie lehrt uns, die Wahrheit zu erkennen, unsere Schuld einzusehen, uns von Grund auf zu ändern und so zu leben, dass wir vor Gott bestehen können"* (2. Timotheus 3,16, Hervorh. vom Autor).

Wir haben bereits festgestellt, dass Gott zu uns durch sein Wort spricht. Damit ist das ganze Wort Gottes, die gesamte Bibel gemeint. Prof. Dr. Helge Stadelmann schreibt dazu in einer Publikation:

„Was Gott im Rahmen seines Volkes Israel praktiziert haben will, muss nicht in jedem Punkt dasselbe sein, was nach seinem Willen in der christlichen

Gemeinde gelten soll. Gott ist frei, zu bestimmten Themen exakt das Gleiche zu unterschiedlichen Zeiten der Heilsgeschichte zu sagen und anzuordnen. Und frei, zu anderen Themen ... für sein alt- und neutestamentliches Volk jeweils ganz Unterschiedliches zu geben oder gelten zu lassen. Das steht auch nicht im Konflikt miteinander. ... So ist es auch in der Heilsgeschichte. Was für den alttestamentlichen Staat Israel gilt, muss nicht genauso für die universale christliche Gemeinde gelten. Aber es kann genauso gut sein, dass Gott in bestimmten Punkten von Christen genau dasselbe will wie von Mose und von Abraham.“[11]

Gott möchte, dass wir schon jetzt auf Erden nach den Grundregeln seines Reiches leben und mit allen, die ihn lieben, ihn ehren und seine Größe, Macht und Herrlichkeit rühmen.

Lothar Kosse hat dazu in einem Lied („Groß ist unser Gott“) geschrieben, dass Gott, der Herr der Ewigkeit, über Raum und Zeit regiert. Er herrscht souverän über seine ganze Schöpfung und hält das Schicksal von uns Menschen in seiner Hand. Sein Wort gilt, und sein Reich wird kommen. Das sind viele Gründe, um über ihn zu staunen und ihn anzubeten.

Kürzlich sangen wir in der Gemeinde den Klassiker: „O Gott, dir sei Ehre, der Großes getan ...“ Darum geht es im ganzen Leben eines Christen: Gott anzubeten und ihm die Ehre zu geben. Dafür gibt es

---

11 Perspektive 1/2020, CV Dillenburg, S. 32-33

vielfältige Möglichkeiten, im Gottesdienst wie auch in meinem Zuhause. Im Prinzip kann ich überall Gott anbeten und ihm Ehre erweisen. *„Preise den Herrn, meine Seele, und all mein Inneres seinen heiligen Namen. Preise den Herrn, meine Seele, und vergiss nicht alle seine Wohltaten. ... Wie sich ein Vater über seine Kinder erbarmt, so erbarmt sich der Herr über die, die ihn fürchten* (ehren, lieben)" (Psalm 103,1-2.13).

Wir sollten das stets beherzigen. Gott führt uns durchs ganze Leben, durch alle Höhen und Tiefen. Sollte ihm dafür nicht Lob, Dank und Anbetung entgegengebracht werden? Und selbstverständlich auch für die Sendung und Hingabe seines Sohnes Jesus Christus? Ich kann mir vorstellen, dass Gott seine Freude daran hat, wenn seine Kinder ihn immer wieder loben und anbeten, ihn, der unser Schicksal in seiner Hand hält. „Preist den Herrn, preist den Herrn, Erde, hör diesen Schall ...", so geht das angesprochene Lied weiter. Unser Lob soll hinausschallen in die Welt. Daher haben Lobpreisgottesdienste, zu denen alle eingeladen werden, ihre starke Berechtigung. Jeder soll das mitbekommen und angesteckt werden. Ein lobender Christ wirkt anziehend auf andere. Das bewirkt der Heilige Geist.

Nun gibt es aber auch Christen, die sehr sparsam mit der Anbetung Gottes umgehen, warum auch immer. Liebt Gott sie weniger? Haben sie deswegen ein kürzeres Leben? Gottes Liebe ist zu allen seinen Kindern gleich! Doch sein Handeln an ihnen ist unterschiedlich.

Wir dürfen um ein langes Leben bitten. Diese Bitte ist nicht überholt, nur weil unsere Lebenserwartung in den letzten Jahrzehnten stetig gestiegen ist und die meisten Menschen sowieso alt werden. Denn wir wissen, dass es Gott ist, der Leben schenkt und dieses Leben auch beendet. Während ich diese Zeilen schreibe, lese ich in den Nachrichten von zwei bekannten Persönlichkeiten: Der eine ist mit 57 Jahren an Krebs gestorben, der andere feiert seinen 90. Geburtstag. So erleben wir das häufig, und oft erleben wir sogar, dass Kinder sterben. Aber Tatsache ist auch, dass unser Gott gnädig ist und sich bitten lässt, und dass er keineswegs übersieht, wenn wir uns seiner Herrschaft unterstellen, ihn von ganzem Herzen loben und anbeten, die Eltern achten und ehren und für ihn arbeiten; so wie es viele Männer und Frauen in der Bibel und bis heute getan und von Gott ein langes Leben geschenkt bekommen haben.

Kapitel 11

Schlussgedanken

Das vierte Gebot Gottes habe ich im Vorwort schon vorgestellt und in meinen Gedanken mehrmals erwähnt. Zum Abschluss möchte ich es noch einmal zitieren:

> *„›Ehre deinen Vater und deine Mutter‹ – so lautet das erste Gebot, dem eine Zusage folgt – ›damit es dir gut geht und du ein langes Leben auf der Erde hast.‹"* *(Epheser 6,2)*

Das ist Gott so wichtig, dass er die Menschen, die dieses Gebot bejahen und befolgen, mit einem langen Leben belohnen möchte. Ungehorsam den Eltern gegenüber bringt Gott auf die gleiche Ebene, als wenn Menschen sich gegen ihn auflehnen (Römer 1,30). Die Beziehung der Kinder zu ihren Eltern vergleicht die Bibel mit der Beziehung der Christen als Kinder Gottes mit Gott selbst. So wie unsere Eltern die biologischen Stammeltern sind, so sind wir Geschöpfe Gottes. So wie (kleine) Kinder ihren Eltern Gehorsam leisten sollen, sie ehren und achten, genau so soll unsere Beziehung zu unserem himmlischen Vater sein (Hebräer 12,5-11).

Wir müssen aber auch klarstellen, dass die Verheißung des Gebotes nicht universell zu verstehen ist. Es gab Christen, die das Gebot peinlich genau beachteten und früh gestorben sind. Das wiederum unterstreicht die Souveränität Gottes, hebt die Verheißung auf ein langes Leben aber nicht auf. Wollen Sie, dass Ihnen ein langes Leben gewährt wird, ehren Sie die,

die Ihnen überhaupt erst das Leben ermöglicht und geschenkt haben.

Ich habe in den vorangegangenen Kapiteln schon die Hoheitsgewalt Gottes herausgestellt. Gott kann so und so handeln. Gott kann gesund machen und heilen, aber er kann die Krankheit auch lassen. Er kann ein langes, gutes Leben schenken, aber auch entgegengesetzt wirken. Das müssen wir ihm überlassen. Die Rätselhaftigkeit des Handelns Gottes bleibt und kann fast nie aufgelöst werden. Aber alles, was mit uns geschieht, dient zu unserem Besten (Römer 8,28).

Meine Eltern leben nicht mehr, sie sind schon bei Gott im Himmel. Wo ich versagt und Vater und Mutter nicht genug Ehre entgegengebracht habe, bitte ich jetzt Gott um Vergebung und zusätzlich um ein langes Leben auf Erden. Das darf ich und das macht mich froh.

„Sei treu bis zum Tod und ich werde dir als
Ehrenkranz das ewige Leben geben."
(Offenbarung 2,10)

Darauf kommt es wirklich an. Das ganze Leben, bis zum Ende, Gott treu zu sein, was auch passiert. Ich möchte ihn ehren, anbeten und mithelfen, dass sein Plan in dieser Welt verwirklicht wird, ob ich alt werde oder nicht. Diese Spannung halte ich aus und weiß, dass Gott keine Fehler macht.

Treue zu Gott bedeutet auch, ihn ganz bewusst zu fragen: „Herr, was darf ich für dich tun?" Selten werden wir auf diese Bitte keine Antwort bekommen. Ist der Auftrag klar und unmissverständlich, dürfen wir mit Freude seinen Anweisungen folgen und leben, bis der Auftrag erfolgt ist. Vielleicht spricht Gott wiederum zu mir und erteilt neue Weisungen. So kann ich mein Leben verlängern, Gottes heiligem Willen vorausgesetzt.

Darauf kommt es an. Das ist es, was zählt. Nicht nur für mich, meinen Beruf und meine Familie, sondern ebenso für und mit Gott zu leben und zu arbeiten, wie ich im fünften Kapitel dieses **„für dich und für mich"** in der engen Beziehung zu Jesus erwähnt habe, in der Petrus stand.

Ich habe mir vorgenommen, quasi Angestellter Gottes zu sein, in der Ausübung des Dienstes für ihn. Das mag ein kleiner Auftrag sein, vielleicht auch ein Prozess geistlicher Berufung, der über viele Jahre andauert.

„In seiner göttlichen Macht hat er uns alles geschenkt, was wir zu einem Leben in liebevoller Ehrfurcht vor Gott brauchen. Er hat uns den erkennen lassen, der uns kraft seiner Herrlichkeit und Wundermacht berufen hat. Ihr müsst deshalb alles dransetzen, eure Berufung und Erwählung festzumachen. Dann werdet ihr auch nicht ins Stolpern kommen und Gott wird euch die Tore weit öffnen und euch in das ewige Reich unseres Herrn und Retters Jesus Christus einziehen lassen." (2. Petrus 1,3.10-11)

„Herr, du hast mir mein Leben geschenkt, dafür danke ich dir. Danken möchte ich dir auch, dass du mich eines Tages mit weißen Kleidern bekleidest und meinen Namen aus dem Buch des Lebens nicht streichen wirst, sondern mich vor dem Vater und seinen Engeln bekennen wirst, so wie du es in Offenbarung, Kapitel zwei, verheißen hast. Darauf freue ich mich. Hilf mir, dein Reden ganz persönlich zu verstehen und recht zu verarbeiten. Lass mich nicht in meinen Problemen untergehen, sondern schenke mir deinen Beistand. Möge ich meinen Beitrag dazu leisten, dass Menschen dich kennenlernen. Schenke mir ein langes Leben in deiner Gegenwart, damit ich viel für dich arbeiten, dich hinreichend ehren, anbeten und preisen kann. Dein Wille geschehe, im Himmel wie auf Erden. Mit meiner ganzen Kraft möchte ich dir zur Verfügung stehen. Dir sei Lob und Dank in alle Ewigkeit. Amen!"

Der Buchbinder in seiner Werkstatt

Anhang

Ein Buch im Himmel?

Gibt es wirklich ein Buch im Himmel oder „arbeitet" Gott mittlerweile auch am PC? Als einer, der sein Leben lang mit Büchern zu tun hatte, stelle ich mir tatsächlich ein Buch vor, mit vielen Edelsteinen besetzt und mit einem dreiseitigem Goldschnitt verziert und aufwändig in Leder oder Pergament gebunden. In Offenbarung 5 wird uns auch ein Buch vorgestellt, sogar mit sieben Siegeln verschlossen, das der, der auf dem Thron sitzt, in seiner rechten Hand hält. Viele Gelehrten streiten darüber. Einige meinen, Gottes Gedächtnis sei das „Buch des Lebens". Aber zu oft nennt die Bibel Bücher, die aufgeschlagen werden (z. B. Offenbarung 20). Wichtig ist, dass mein Name im „Buch des Lebens" eingetragen ist. Paulus nennt in Philipper 4,3 einen gewissen Klemens, von dem man noch nie etwas gehört hat und der auch nicht wieder erwähnt wird. Aber sein Name steht im „Buch des Lebens"! Das ist das Entscheidende! Eines Tages wird das Buch zugeklappt, weil es vollgeschrieben ist, aber noch sind ein paar Seiten frei. Mein Name soll darinstehen, nicht in irgendeinem Buch, auch nicht im Guinness-Buch der Rekorde, auch nicht im Goldenen Buch meiner Heimatstadt, sondern im Goldenen Buch des himmlischen Jerusalems, in Gottes „Buch des Lebens". *„Freut euch, wenn ihr dort eingetragen seid"* (Lukas 10,20).

Aus dieser Hausbibel las mein Vater jeden Tag
nach dem Abendessen einen Abschnitt vor.
Wir Kinder hörten dann aufmerksam zu. So ähnlich,
vielleicht noch viel schöner und mit Edelsteinen besetzt
stelle ich mir das „Buch des Lebens" im Himmel vor.
In einer Zeile steht auch mein Name.

Das Prägen

Das Prägen bzw. Einprägen ist ein Begriff aus der Technik. Auch in einer Buchbinderei ist das ein bekannter Arbeitsgang, nämlich wenn es um das Prägen von Buchtiteln auf dem Einband geht. Prägen bedeutet vertiefen. Wir kennen das auch aus der Münzprägung. Anders als beim Druck wird der Buchstabe in das Material hinein unter Hitze vertieft, eingeprägt, sodass scharfe Kanten entstehen. Diese Vertiefungen bzw. Prägungen bleiben beständig erhalten. – Wenn sich in meinen Gedanken etwas einprägt, dann hat das auch etwas mit Beständigkeit zu tun.

Das Bild zeigt das Prägen eines Buchdeckels am Rücken mittels einer Prägepresse, die auf ca. 130° C erhitzt wird. Im eingehängten Schriftkasten ist der Buchtitel fest eingepresst und wird durch Hebelwirkung auf das Material gebracht, das mit Goldfolie bedeckt ist.

Die Buchpresse

Buchpressen waren ein wichtiger Bestandteil in meiner Buchbinderei. Davon hatten wir große, sogenannte Stockpressen, in denen man mehrere Bücher einspannen konnte, um enorm starken Druck zu erzeugen, bis zu 400/500 kp. Die Abbildung zeigt eine kleine Handpresse, geeignet, ein einzelnes Buch zu bearbeiten. Durch den starken Druck, der auf dem Buchblock – meist über Nacht – ausgeübt wird, bleibt die Rundung erhalten. Die Devise lautet: Je mehr Druck, desto besser die Form. Das kann man auch im übertragenen Sinne deuten: Manchmal fühlen wir uns von Gott unter Druck gesetzt, bewegungslos und eingepresst. Doch er arbeitet an unserer Form. Sie soll beständig werden. Das tut manchmal weh, aber Gott hat für uns nur das Beste im Sinn. Vielleicht arbeitet er an einem Prachtexemplar, zur eigenen Freude und zur Begeisterung vieler.

Je mehr Druck, desto besser die Form.

Danksagung

Zuerst danke ich meinem himmlischen Vater, der mir deutlich gemacht hat, dieses Buch zu schreiben und den Mut nicht sinken zu lassen, trotz mancher Zweifel und Anfechtungen.

Danken möchte ich auch der Geschäftsführung der Christlichen Verlagsgesellschaft Dillenburg, besonders Hartmut Jaeger, mit dem ich schon in Jugendzeiten in Sachen Evangelium in meiner Heimatstadt unterwegs war. Daran haben wir uns gern erinnert. Außerdem durfte ich vor einigen Jahrzehnten in meiner Werkstatt seiner Bibel ein neues Gewand geben.

Herzlich danken möchte ich meinem Lektor Joachim Pletsch, der sich mit viel Hingabe meiner aufgeschriebenen Gedanken gewidmet und sie druckreif ausgestattet hat. Mit ihm habe ich mich zum Thema eines langen Lebens auf Erden sehr intensiv ausgetauscht und von seiner fundierten Bibelkenntnis profitiert, wovon in diesem Buch einiges wiederzufinden ist. Dadurch kann mein Buch vielen Menschen Anregung, Trost und Hilfe sein.

Ich danke meiner Frau Helga, mit der ich mich über eine lange Zeit mit dem Thema auseinandergesetzt habe, für ihre Reflexionen, und dafür, dass sie immer wieder mit großer Geduld und viel Liebe auf meine Ideen eingegangen ist. Sie hat mir viel Kraft zum Durchhalten gegeben.